石井公成

春秋社

聖徳太子

実像と伝説の間

聖徳太子——実像と伝説の間

目次

聖徳太子——実像と伝説の間

「又性急に太子を常人として過小評価することも、或ひは又非凡人として過大評価することも、何れも慎まなければなりません」（小倉豊文）

はじめに

「聖徳太子」という呼び名は、現存史料について言えば、奈良時代の漢詩集である『懐風藻《かいふうそう》』の序に見えるのが最初です。この序については、天平勝宝三年（七五一）十一月に書かれたと記されています。ただ、古代の文献は少ししか残っていないため、『懐風藻』のこの例が本当に一番早い例かどうかは分かりません。養老四年（七二〇）に撰進された『日本書紀』では、厩戸皇子のことを「東宮聖徳《とうぐうしょうとく》」、「豊耳聡《とよみみと》聖徳」、「上宮《じょうぐう》太子」、「太子」その他様々な名で呼んでおり、「聖徳」の語も「太子」の語も見えています。「聖徳太子」という名前そのものは見えませんし、太子の生前にそうした呼び名があったとは思われないものの、要素は出そろっていることになります。

最近の高校や中学の歴史教科書では、「聖徳太子（厩戸皇子）」という表記ではなく、「厩戸皇子」を先に出して「厩戸皇子（聖徳太子）」とするものが多くなっています。これは、聖徳太子が伝説化されすぎた存在であることに注意をうながすためでしょう。「聖徳太子は実在したか」と題するコラムを掲載している教科書もあります。

そうした中で注目されるのは、「聖徳太子（厩戸王）」あるいは「厩戸王（聖徳太子）」と表記している教科書があることです。これは、一九九八年に『長屋王家木簡と金石文』（吉川弘文館）を刊行して聖徳太子虚構説を打ち出し、翌年、一般向けの『〈聖徳太子〉の誕生』（吉川弘文館）を出版して話題になった大山誠一氏の説に従ったというより、史実と伝説の区別をより明確にしようとし、それまで一部の歴史学者が用いていた「厩戸王」の語を、大山説をきっかけとして採用したということでしょう。

大山氏は、いわゆる「聖徳太子」は、律令制における理想的な天皇像を示すために、『日本書紀』編纂の最終段階で、藤原不比等《ふひと》・長屋王《ながやのおおきみ》・道慈《どうじ》の三人によって創作された架空の存在にすぎず、そのモデルとして実在したのは、斑鳩宮《いかるが》と法隆寺を建てた有力王族であったものの、国政に関わるほどの勢力はなく、聖人でもなかった厩戸王だと主張しました。

太子関連の記述の多くを疑う研究者は既にかなりおり、このセンセーショナルな虚構説については問題にしない専門家が多かったうえ、実証的な批判をする研究者も多少いたのですが、大山氏は自説に対する「学術的な批判は皆無である」と、近年に至るまで断言し続けており、盟友の吉田一彦氏とともに、著書・論文その他でこの説をくり返し強調して来ました。この主張は新聞・雑誌・テレビなどが何度も取り上げたため、世間に広まるに至っています。

しかし、「厩戸王」という呼び方は、どの時代の文献にもまったく見えない名なのです。この呼称は、実は、広島大学の小倉豊文（一八九九〜一九九六）が、戦後になって、聖徳太子の生前の名はおそらくこうだったろうと推測した名にほかなりません。真摯な研究者であった小倉は、聖徳太子を「世間虚仮《せけんこけ》、唯仏是真《ゆいぶつぜしん》」という痛切な言葉を残した人物として敬慕しておりながら、あくまでも学問的に研究しようとして資料を批判的に検討していました。

聖徳太子については、「憲法十七条」において「承詔必謹《しょうしょうひっきん》（詔《みことのり》を承りては必ず謹め）」の精神を説き、「背私向公《はいしこうこう》（私に背き、公に向かう）」の「臣道」を説いた天皇絶対主義・国家第一主義の模範という面が強調されていた戦時中に、文部省教学局が日本精神高揚のために開催した会議において、小倉は、太子を凡人扱いして過小評価すべきではなく、また無闇に超人ぶりを絶讃して過大評価すべきでもでない、と堂々と所信を述べています。この本の冒頭に掲げたのが、その時の言葉です（「聖徳太子の御事蹟御教学の顕揚に就いて――その反省と念願」、文部省教学局編纂『日本諸学研究報告』第十七篇［歴史学］、一九四二年）。これは、当時としては勇気ある発言でした。

小倉は、戦時下の日本では天皇絶対主義の模範とされた聖徳太子が、敗戦以後は一転して民主主義と平和主義の元祖として賞賛されるようになり、さらに朝鮮戦争の頃から民主主義に逆行する傾向が強まってくると、また太子が国家主義的な形で利用されるようになってきたのを見て、そうした状況を憂慮しました。そこで、「無批判な偉人崇拝」は日本人に幸福をもたらさないと考え、従来の聖徳太子のイメージにとらわれずに考察しようとして、別の名で呼ぶことにしたのです。

小倉は、『聖徳太子と聖徳太子信仰』（綜芸舎、一九六三年）では、本名と思われる名として「厩戸皇子」と「上宮王」をあげたものの、結局は「厩戸王」を提唱しました。「厩戸皇子」の「皇子」は、天皇・皇后を頂点と定めた律令制の用語に基づく表記であるため、その「皇子」を、中国皇帝の子を指す用語であって日本でも用例がある「王」に変えたのでしょう。ただ、人間としての聖徳太子を描こうとした小倉は、その本の原稿を何度も何度も書き直しておりながら、結局まとめきれず、出版を断念しました。「厩戸王」という呼称についても、実際に使われていたことを論証できないまま亡くなったのです。

ところが、ロングセラーとなって一般社会にも史学界にも影響を与えた田村円澄の『聖徳太子』（中公新書、一九六四年）では、伝説と史実を区別するため、信仰の対象としては「聖徳太子」、史上の存在としては「厩戸王」と呼ぶと述べ、小倉が提唱したこの「厩戸王」という呼称を論証抜きで用いていました。その結果、古代史学者の間でも、これが本名だと思い込む人が増えてしまったのです。大山氏も「本名は厩戸王《うまやどおう》」と書いています。「厩戸王」という呼び方については、歴史上使われたことがないと証明することはできませんが、少なくとも、現存史料にまったく出てこない名を論証抜きで本名扱いするのは不適切でしょう。

なお、「厩戸」の「戸」は万葉仮名では清音甲類の「ト」であって、『元興寺縁起《がんごうじえんぎ》』が引く

「元興寺露盤銘」の「有麻移刀《うまやと》」の「刀」の場合も同様であるため、最近の高校の教科書の多くでは、「うまやと」と澄んでルビが振ってあります。中には「うまやど」という一般的な呼び方も考慮し、「うまやと（ど）」と表記している教科書もあります。清音甲類の「ト」は、単語の後に続く場合、「ド」と濁ることがあり、現在の通称である「うまやど」はその一例だからでしょう。

一方、「聖徳太子（厩戸皇子）」と記している教科書のうち、『書紀』に見える神話や太子関連の記述を重視して聖徳太子のことを高く評価する保守的な立場の社の教科書は、ルビは一般的な「うまやど」という濁った形にしてあり、説明もつけていません。伝統尊重であって、万葉仮名の清音・濁音の問題などはあまり問題としていないように見えます。つまり、聖徳太子虚構論者にしても国粋主義的な聖徳太子礼賛派にしても、自説の主張に急であって、史料の細かな点には十分注意していないのです。

その聖徳太子に関する論争が盛んなのは、我々は皆な「自分にとって好ましい聖徳太子像」を、資料から読み取ろうとしがちなためでしょう。そうした太子像がその人の考える古代日本のイメージ、あるいは古代から現代に至る日本のイメージの根幹になっているためです。つまり、聖徳太子をどのように考えるかは、日本人であるその人自身のアイデンティティ、あるいは、その人の研究者としてのアイデンティティに関わっているのです。日本史において数ある論争のうち、聖徳太子をめぐる論争と邪馬台国をめぐる論争が熱くなるのはこのためです。

その結果、太子伝説をできるだけ史実とみなしたい人、特に国粋主義的な太子礼賛派の人は、虚構説に対して感情的に反発し、現在の学問成果を無視した強引な主張をしがちです。逆に虚構説論者は、批判されればされるほど確信を強め、何を見ても「いなかった証拠」だと言い立てることになります。また、世間には、「聖徳太子はアジアから渡ってきた遊牧民族の首領だった」といった珍説を初めとして、「実は蘇我馬子だ」、「いや、入鹿だ」、「九州王朝の王だった」といった説を主張する人も少なくありません。

そこで本書では、資料を正確に読むよう努めるとともに、歴史学・仏教学・考古学・美術史学などの最新成果を活用しながら、聖徳太子と呼ばれるようになった人物について検討していくことにします。聖徳太子については、江戸時代以来、研究が積み重ねられており、そうした学者たちの地道な努力によって関連資料が少しずつ理解できるようになってきました。しかしながら、難解で不明な個所がまだ多く残っているうえ、読み誤り、あるいは出典の見落としなどもかなりあるのが実状なのです。

ただ、現在は、筆者自身、委員の一人として十年以上、作成と公開に携わったSAT、すなわち大正大蔵経テキストデータベース（http://21dzk.l.u-tokyo.ac.jp/SAT/）によって、仏教文献の柔軟な検索が可能になっています。そのおかげで、「憲法十七条」、法隆寺金堂釈迦三尊像光背銘、天寿国繡帳銘、伊予の湯岡碑文などが、重要な個所で用いていた仏教経典や中国仏教文献を明らかにすることができました。言い換えると、これまではこうした基本資料ですら、その根幹に関わる重要な出典が見落とされていたことになります。

後述するように、「憲法十七条」冒頭の「和を以て貴しとなし、忤《さか》うこと無きを宗《むね》とせよ（以和為貴、無忤為宗）」の「無忤」もその一例です。従来は、あまりにも有名な「憲法十七条」の第一条の条文ですら、背景が正しく理解されていなかったのです。

また、近年では、『日本書紀』は中国風な漢文で書かれているα群と、奇用・誤用が目立つ和風漢文で書かれたβ群、そしてどちらとも異なる最後の第三十巻に分類でき、「憲法十七条」についてては奇用・誤用だらけであることを指摘して話題になった森博達氏の『日本書紀の謎を解く』（中公新書、一九九九年）などをきっかけとして、倭習と呼ばれる変格漢文の研究が盛んになってきています。筆者は、四年前に日本学術振興会の科学研究費を得て、日本・韓国・中国の専門家たちによる変格漢文の国際研究プロジェクトを立ち上げ、第一人者である森氏にもご参加いただいて共同研究を進めているところです。この共同研究を通じて、語法に注意して『書紀』や三経義疏を読む研究方法は、大幅に進展しつつあります。

『聖徳太子――実像と伝説の間』という本書の題名は、初期の基本資料を出典と語法に注意しつつ正確に読むことにより、そうした資料から浮かんでくる聖徳太子の実像を少しでも明らかにしてゆきたいという願いに基づいたものです。つまり、同時に十人の言うことを聞き分けたとか、黒駒に乗って空を駆けて富士山に登ったとかといった伝説化されたあり方でない、実際の太子のあり方を探り、そうした伝説が形成されていく過程を明らかにすることが本書の目的です。ただ、それはあくまでも現存する資料から読み取れる範囲に限ってのことであり、不明な点については不明なままにしておくほかありません。

一方では、筆者は、太子が病いで倒れた際、太子の周辺の人たちが太子と等身の大きさの釈迦像を造りますと誓願し、病気平癒ないし浄土往生を願ったことなどについては、事実だと考えています。つまり、『聖徳太子――実像と伝説の間』という題名は、生前から太子を仏菩薩のように尊崇していた人たちの心情についても、古代の史実として明らかにしていきたい、という意図を含んでいます。

古代について考えるには、古代の人々の常識、思考法、心情を理解する必要があります。古代にあっては、東洋であれ西洋であれ、王者やその後継ぎとなる人物については、神や聖人のような存在とみなしてひたすら賞賛するのは良くあることであり、またそれが礼儀でした。「これほど神格化されるのは、死後数十年たってからだろう」などと、現代人の常識で判断してはならないのです。我が日本においても、戦時中は、「天皇陛下は現人神《あらひとがみ》であらせられる」という主張が常識でした。当時は、学校などの儀式で御真影を拝する際、「陛下のお顔を見たら、畏れ多くて目がつぶれる」といった理由で視線をあげさせない場合もあったのです。今からわずか七十年前のことにすぎません。

一方、江戸時代の儒学者の中には、「聖徳太子は、蘇我馬子が崇峻《すしゅん》天皇を暗殺するのを黙認し、その馬子と共に政治をおこなった悪人だ」と批判する者もいました。『大日本史』編纂をきっかけとして形成されていった水戸学も、そうした批判派の一つです。また、国学者の中には、「太子は、神国日本に外国の野蛮な教えである仏教を広めた悪人だ」と攻撃する者たちも少なくありませんでした。

廃仏毀釈をおこなった幕末から明治初期は、水戸学や国学の影響力が大きかったため、太子批判の立場で書かれた教科書もありました。その風潮が現代まで続いていたとしたら、我々にしても現在の中学生・高校生にしても、そのような教科書で太子について学んだことになります。

歴史を研究するには、まずそれぞれの時代の人々のあり方と向き合わねばなりません。そうしたあり方をどう考えるかは、次の段階の問題です。本書では、基本史料を正確に読み、そこから浮かびあがる太子像を明らかにすると同時に、時代や立場によって異なる太子像についても注意するよう努めました。そうした作業を通じて、自分は心の底では聖徳太子のことをどのような存在であってほしいと願っているのか、それはなぜであるのか、自分の考えは歴史上のどの立場に近いのかを、少しでも自覚しようとしてのことです。その際は、できるだけ東アジア諸国の動向の中で考えるようにしました。読者もこうした点に留意し、我が身を振り返りつつ読んでいただければ幸いです。

なお、筆者自身は、後述するように、聖徳太子の生前の名として用いられた可能性があるのは、「とよとみみ（豊聡耳）のみこ」および「かみつみやのみこ（上宮王）」（漢字音の場合は、じょうぐうおう）ではないかと考えています。ですから、本書では太子一族を指す場合は、太子の長男である山背大兄王《やましろのおおえのみこ》の家族を含めて上宮王家と呼びます。

ただ、聖徳太子個人を指す場合は、上宮王ではなく、一般的な「聖徳太子」という呼称を用い、略す際は「太子」と呼ぶことにします。個々の資料について説明する際は、その資料に見える呼称を用いました。聖徳太子という呼称は生前には用いられていなかったと見るのが通説ですが、先に述べたように、「聖徳」という言葉自体は、『書紀』では聖徳太子について二度用いているうえ、上田正昭氏は、和銅六年（七一三）に各地に出された編纂の命令を承け、翌々年三月までに作成された『播磨国風土記《はりまのくにふどき》』の印南《いんなみ》郡の条に、「聖徳王の御世《みよ》」という表現が出てくることに注意しています。

「聖徳」については、「聖王《ひじりのみこ》」などと同様に、『書紀』以前に存在していた敬称の一つであった可能性もあると考えるべきでしょう。聖徳太子という名は、死後になって贈られた諡《おくりな》であったとしても、諡は生前の美称を少し変えて採用する例もあります。また、「太子」の語については、早い時期から朝鮮の史料に見えているため、律令制によって皇太子制度が生まれる前から用いられていても不思議でないことは、これも上田氏が指摘している通りです。

「天皇」の語については、成立時期や用いられ方に関して諸説があるうえ、「用明」「推古」「舒明《じょめい》」といった天皇の漢風諡号《しごう》は奈良時代に定められたものですが、本書では特に必要な場合を除いては、通常の呼び方に従っておきます。『書紀』の記述の個所については、「推古紀」

「推古元年」「舒明即位前紀」などの形で示します。研究者のうち、亡くなっている方々については、原則として敬称を略させていただきました。

第一章　聖徳太子観の変遷

（一）　聖徳太子観の変遷

インド以来の仏教史は、釈尊のイメージの変遷史にほかならないのと同様、日本仏教史は、聖徳太子信仰の変遷史という面を持っています。そうした太子信仰は、それぞれの時代の社会状況を反映しているため、聖徳太子像は時代を映す鏡でもあります。

まず、法隆寺関連の古資料によれば、太子周辺の人々は太子を釈迦に準ずる存在と見て尊崇していました。『日本書紀』においては、生まれながらの聖人であったことが強調され、仏教興隆の立役者とされました。没後は、観音菩薩と同一視する人々も出てきます。

奈良中期以降あたりから平安初期にかけては、隋の天台大師の師である南岳慧思禅師《なんがくえし》（五一五〜五七七）が日本に転生されたのが太子だとする主張がなされ始めます。実際には、太子は慧思が亡くなる三年前に生まれているのですが、唐では慧思はいろいろな姿に生まれ変わったとされており、その一つとして倭国に転生したという伝承があったため、それが次第に聖徳太子と結びつけられていったようです。この時期には、いろいろな太子伝が生まれています。日本で個人の伝記が書かれた最初は太子伝であって、数が最も多いのも太子伝です。太子伝は、時代がたつにつれて神格化の度合を増していきます。

　そうした太子伝では、生まれ変わりという点が強調されており、その影響はきわめて大きなものでした。聖武天皇についても空海についても、さらには藤原道長についても、聖徳太子の生まれ変わりとする伝承が生まれています。太子自身についても、逆に『勝鬘経《しょうまんぎょう》』を説いた菩薩としての勝鬘夫人《ぶにん》の生まれ変わりという信仰も生まれました。

　太子＝慧思説は、入唐した日本僧によって唐にも伝わっていました。大暦七年（七七二）に「日本国僧使の誡明《かいみょう》（戒明）・得清《とくしょう》等八人」が入唐した際、三経義疏《さんぎょうぎしょ》のうち、『法華経義疏《ほけきょうぎしょ》』と『勝鬘経義疏《しょうまんぎょうぎしょ》』とを、揚州の龍興寺の僧で鑑真の弟子である霊祐《れいゆう》に献呈したところ、天台宗の明空《みょうくう》という中国僧がそれを入手し、『勝鬘経義疏私鈔《しょうまんぎょうぎしょししょう》』という注釈を書いています。中国僧が日本人の著作に注釈をつけたのは、これが唯一の例でしょう。この書は、入唐した円仁によって日本にもたらされ、かなり広まりました。この明空の注釈に着目して詳しく研究したのは、日本人研究者でなく、中国・ローマ間の交易の道であるシルクロード（絹の道）にならい、中国・日本間の「ブックロード（書物の交流の道）」という概念を提唱した中国の王勇氏であったのが面白いところです。

太子伝は、仏伝同様に絵としても描かれるようになり、四天王寺や法隆寺などでは太子の巨大な絵伝の絵解きもなされました。仏像や菩薩像の霊験によって信仰されるのでなく、日本人仏教徒ゆかりの聖地として信仰を集める寺が出てくるのは、太子関連の寺が最初です。そうした太子信仰の高まりの中で、未来記その他、聖徳太子が書いたとされる偽書や太子関連の偽文献も次々に生まれます。

その太子のイメージは、時代によって、また人によって様々でした。平安時代に末法思想が広まり、浄土信仰が盛んになると、太子は人々を極楽へと導く観音菩薩の化身として信仰されるようになっていきます。

鎌倉初期に武士政権の誕生を見て歴史を考察した慈円《じえん》（一一五五～一二二五）は、貴族出身で早くに天台座主となった僧侶の身でありながら、蘇我馬子の崇峻《すしゅん》天皇暗殺に触れ、聖徳太子はなぜ問題とせずに馬子と同心で政治をとったのかと疑問を呈していますが、これは稀な例外です。聖徳太子信仰は、鎌倉時代にはますます強まっていきました。

鎌倉新仏教の祖師の中では、聖徳太子和讃を作り、「和国の教主、聖徳皇《しょうとくおう》」と詠って敬慕した親鸞が聖徳太子礼賛で知られています。初期の浄土宗と浄土真宗の違いで重要なのは、聖徳太子信仰が強烈かどうかであるとする研究者もいるほどです。日本最大の宗派となっていった浄土真宗は、現代に至るまで、聖徳太子信仰の主要な柱の一つであり続けてきました。

ただ、三経義疏が南都の学僧たちによってある程度読まれていた奈良時代と違い、親鸞を含め、鎌倉新仏教の祖師たちは、太子を尊崇していたものの、重要な箇所で三経義疏を直接引用している人は一人もいません。三経義疏は中世には法隆寺で木版印刷までされていますが、熱心に研究していたのは、法隆寺や四天王寺以外では、南都の寺や太子と関係の深い寺の学僧たちでした。たとえば、「三経学士」と名乗って三経義疏に対する膨大な注釈を書いた大学僧の凝然《ぎょうねん》は、東大寺の僧です。

その凝然は、三経義疏について、中国の南朝国家である梁《りょう》の三大法師の一人であって、鳩摩《くま》羅什《らじゅう》訳の『成実論《じょうじつろん》』に基づいて大乗経典を研究する成実師《じょうじつし》である光宅寺法雲の注釈に似ていると指摘しておりながら、太子の師はすべて「空」を強調する三論宗の僧であったと述べています。この僧たちは、三論宗が小乗仏教の論書だという理由で批判していた『成実論』や成実師の注釈についても熟知していたため、三経義疏は成実師の注釈に似ているのだ、と説いたのです。これは苦しい解釈です。凝然はおそらく、「聖徳太子に始まる日本仏教は、最初から純粋な大乗仏教だったのだ」と言いたいために、こうした無理な説明をしたものと思われます。

さて、平安時代から中世にかけて、ますます説話化を増していっていた各種の太子伝は、信仰・文学・芸能・美術など、様々な面に大きな影響を与えました。善光寺の阿弥陀如来と手紙のやりとりをしたといった伝承もその一つであって、太子信仰は、善光寺如来信仰などとも深い関係を持っていました。

太子信仰は神道にも影響を与えています。吉田神道の一派は、推古天皇が仏教を受容したのは、聖徳太子が天竺の仏教は我が国の神道が伝わったものであって、それが日本に東漸して来たのだと天皇に上奏したためだと主張しました。聖徳太子を神道の元祖に仕立てあげたのです。

芸能面で言えば、琵琶法師の中には、『平家物語』が誕生する以前には、守屋は実は仏法を広めるためにわざと仏敵となって討たれたとする系統の太子伝に基づき、そのように説話化された守屋合戦を語ることをレパートリーの一つとしていた者もいた可能性が指摘されています。

太子伝の中には、殺生を避けようとする太子を描くものもある一方で、守屋合戦で軍勢の先頭に立って戦う太子を描くものもありました。中世には、兵書を伝授された兵法の達人として秘術を尽くして戦う太子を描くものまで登場しています。このため、戦国時代になると、太子を「日本無双の勝軍神」としてあがめ、戦の神とみなして戦勝祈願する武士もいたほどです。

江戸時代には、太子は四天王寺や法隆寺を建立したとして、大工、左官、鍛冶屋、桶屋などの工匠たちによってその道の祖として尊崇され、太子の忌日に集まって太子像を祀る太子講と呼ばれる儀礼が行われました。そうした太子講のなごりは、僅かながら現代でも見られます。

一方、林羅山《はやしらざん》を初めとする儒者の中には、太子は蘇我馬子が崇峻天皇を暗殺したのを黙認し、ともに政治をおこなったとして批判する者も出始めました。聖徳太子のことを、様々な事業を興して社会制度を創り出した古代中国の聖帝になぞらえ、「制作ノ聖」と称して礼賛した太宰春台《だざいしゅんだい》のような儒者もいましたが、熊沢蕃山《くまざわばんざん》などは、日本がこのように堕落したのは「皆な上宮太子よりおこれり」とまで説いていました。

国史の研究と編纂をおこなった水戸学も、そうした批判派の一つです。また、国学者たちの間では、清らかな国であった日本に外国の野蛮な教えである仏教を導入したとして太子を批判する者が多く、「憲法十七条」が一言も神に触れておらず、敬神の態度が見えないことが問題とされました。このため、「篤く三宝《さんぼう》（仏・法・僧）を敬え」と述べて仏教尊重を説くのみである憲法を改め、「篤く三法を敬え」として儒教・仏教・神道の「三法」を敬うよう命じた『聖徳太子五憲法』などの偽書が作られるに至っています。

こうした太子批判は、水戸学や国学の影響が強く、廃仏毀釈がおこなわれた幕末から明治の初め頃においても盛んでした。たとえば、国学者の椿時中《つばきときなか》が編纂して明治十六年（一八八三）に刊行した『小学国史紀事本末』という教科書では、厩戸は仏教を信じて馬子と党派を組み、崇峻天皇が殺されても「是レ帝ガ過去ノ報《むくい》ナリ（崇峻天皇の過去の悪業の報いだ）」と泣いて語るのみであって、推古天皇即位以後は太子となって活動し、やがて太子と馬子の二人は「相継ギテ薨《こう》ズ（続いて亡くなった）」と述べています。「憲法十七条」では「党」を組むことを禁じておりながら、太子自身がやっているではないかとする筆致であって、太子と馬子を完全に悪人仲間として扱っています。

こうした状況であったため、明治初年には法隆寺はさびれてしまい、僧侶は数人しかおらず、伽藍も雨漏りがするといった惨状でした。明治十一年（一八七八）に『法華義疏』や聖徳太子の肖像とされる絵などを含む様々な宝物を皇室に献上し、御下賜金を得てようやく建物の修理をおこなったほどです。

ただ、明治十年代半ばになると、寺院の宝物は日本が誇るべき貴重な文化財として見直されるようになりました。この時期では、東京大学で哲学の教授をつとめるかたわら、法隆寺を含め関西の古社寺調査をしていたアーネスト・F・フェノロサが果たした役割が重要です。明治十七年（一八八四）に、フェノロサが、文化財の海外流出を防ぐための文部省による基礎調査メンバーとしての特権をふりかざし、法隆寺夢殿の扉を強引に開けさせ、秘仏とされてきた救世観音像に巻かれていた布をはずしたことは良く知られています。フェノロサは、その芸術性に衝撃を受け、この像を古代ギリシャ彫刻に匹敵する傑作と賞賛しました。そして、日本人の西欧一辺倒と欧米の日本文化軽視を批判し、日本美術の素晴らしさを強調したのです。これだけが理由ではありませんが、この時期から文化財保護の動きが盛んになって法隆寺の再評価が進み、太子に関する見方も少しずつ変わってきます。

さらに、欧米列強との不平等条約の改正が急がれ、帝国憲法が公布された明治二十二年（一八八九）頃あたりからは、大国との平等外交の元祖、憲法の元祖などとして、近代的な観点、とくにナショナリズムの観点から太子を再評価する動きが出てきます。

そうした状況の中で、伝説化が進んだ各種の太子伝の記述を疑い、近代の学問的な立場から太子の事蹟に検討を加えた最初の試みは、帝国大学を卒業した真宗の学者、薗田宗恵《そのだしゅうえ》が明治二十八年（一八九五）に著した『聖徳太子』（仏教学会）です。後に米国開教師となって活躍することになる開明派の薗田は、太宰春台の見解を受け継ぎ、太子のことを日本仏教の祖たるにとどまらず、学術・技芸・殖産・工業・法令・制度などの整備に努めた「万世不朽」の偉人として再評価しようとしたのです。

さらに大きな影響を与えたのは、近代史学の確立者の一人である久米邦武（一八三九～一九三一）でした。聖徳太子に関する久米の最初の著述は、明治三十七年（一九〇四）に『太陽』十巻一号に書いた「聖徳太子の対外硬」という小文です。久米はこの妙な題の小文において、太子は新羅に対して強硬な政策をとり、隋とは対等外交を進めたとし、「対外硬にして平和主義なるには恐入りたり」と述べ、現実主義と平和主義のバランスを賞賛しています。

その久米は、明治三十年（一八九七）に創設された聖徳太子を顕彰する団体、上宮《じょうぐう》教会の河瀬秀治に依頼され、明治三十八年（一九〇五）に『上宮太子実録』を刊行します。この本は、大正八年（一九一九）に『聖徳太子実録』と改題して再刊され、広く読まれました。久米はこの本において、太子関連史料を「甲種・確実」、「乙種・半確実」、「丙種・不確実」という三種に分類し、乙種をさらに「優・平・劣」の三等に分けるなど、当時としては画期的な史料批判をおこなっており、疑わしいものについては不確かな伝承として否定しました。また、厩戸誕生説話について、中国に伝わったネストリウス派のキリスト教である景教の影響によると論じたことでも有名です。

その久米は、明治初期に岩倉使節団の一員として欧米を回った経験を持ち、東京帝国大学教授、また編年史編纂委員として近代的な国史研究を進展させた功労者でありながら、「神道ハ祭天ノ古俗」と述べた論文によって非難されて明治二十五年（一八九二）に辞職し、親しかった大隈重信が経営する東京専門学校（後の早稲田大学）に転じた人物でした。列強との不平等条約の改正を願い、聖徳太子を外交の偉人と賞賛していた久米が、景教影響説を唱えたのは、日本にも早くから欧米と同様のキリスト教文明があったことを強調するためであったと、現在では考えられています。

明治三十八年（一九〇五）には、法隆寺の再建非再建をめぐる論争も始まりました。美術史、建築史、仏教考古学、文献史学などは、この大論争によって急激に進歩したのです。

大正時代には太子再評価の動きが強まります。太子こそ日本文化の祖だとして、顕彰する運動が盛んになりました。たとえば、東京帝国大学文学部国史学科の黒板勝美（一八七四～一九四六）は、太子研究に力を入れつつ太子顕彰を推し進めました。黒板は、蘇我氏の横暴を押さえて天皇を中心とする体制、すなわち現在の日本の形を生み出す元となった大化改新および律令制は、太子によって準備されたと見て、太子を日本の出発点として位置づけたのです。

大正以後、聖徳太子の評価が高まったのは、先の上宮教会に加え、この黒板の働きかけで形成された聖徳太子奉讃会の活動によるところが少なくありません。黒板は大正十一年（一九二二）の聖徳太子一千三百年遠忌を祝うため、仏教学者の高楠順次郎（一八六六〜一九四五）や高島米峰（一八七五〜一九四九）などに呼びかけ、千三百年遠忌奉讃会を組織しています。そして、遠忌終了後は、皇族や有力な財界人にも働きかけて聖徳太子奉讃会を創設し、盛んに活動したのです。

黒板の学問的見解は、その弟子であった坂本太郎（一九〇一〜一九八七）によって練り上げられました。戦後の教科書に見られるような古代史の枠組みを形成したのは、太子を敬慕しつつ実証を重んじる着実な学風で知られたこの坂本です。坂本は黒板ほど派手な社会活動はしませんでしたが、太子礼賛活動に熱心な面でも黒板の後継ぎでした。

また、東大に宗教学講座を開設した姉崎正治（一八七三〜一九四九）も、大正八年（一九一九）の『文人』三月号に「聖徳太子と支那政策」を寄せ、仏教に基づく隋との対等外交を評価しています。熱烈な太子奉讃者であった姉崎は、近代的な宗教研究を発展させると同時に、太子を礼賛する論文を戦後に至るまで多数発表し続けました。

東大の印度哲学科では、社会的に影響力が大きかった高楠順次郎が太子信奉者でした。インドの哲学や仏教を専門とした高楠が編纂し、世界の宗教の聖典を収録した『世界聖典全集』（改造社、一九二九〜一九三〇）では、全三十巻のうち仏教文献はなんと三経義疏だけです。そのうち、『勝鬘経義疏』については高楠自身が訳を担当していました。印度哲学科には、三経義疏研究に生涯をささげた花山信勝（一八九八〜一九九五）が、昭和十四年（一九三九）に日本仏教担当の助教授として加わっています。花山は真宗本願寺派の僧侶でした。

すなわち、東大では、聖徳太子信奉者たちが太子を礼賛しつつ近代的な学問を形成していったのです。法学部でも、日本の歴史に基づく法学確立をめざした刑法学者、小野清一郎（一八九一～一九八六）が「憲法十七条」を尊ぶ熱心な太子礼賛の法学者として活動していました。

ところが、昭和初年になると、批判的な研究も行われるようになりました。その代表は、徹底した文献批判に基づく古代史研究を推し進めていた早稲田大学の津田左右吉《そうきち》（一八七三～一九六一）です。大正期以来、『古事記』『書紀』の神話や古代の天皇関連の記述を疑いつつ検討してきた津田は、『日本上代史研究』（岩波書店、一九三〇年）では、聖徳太子についても疑義を示しました。『書紀』に見える太子の伝記の多くは、聖人であることを示すために造作されたものとし、「憲法十七条」は「律令作成や国史編纂を企てつつあった時代の政府の何人かが儒臣に命じ」てこうした訓戒を作らせ、官僚の指針としたものであろうと述べ、中国の諸思想の模倣が多いと評しました。『勝鬘経』などの講経や『書紀』に見えていない三経義疏についても、記述の矛盾点などを指摘して疑いました。

日本は他国のように征服によって建国された征服王朝ではなく、皇室は武力を用いずに文化の保持者・保護者として国民から敬愛され支えられてきたのであって、今後もそうあるべきだと考えていた津田は、『古事記』や『日本書紀』は皇室の権威を確立するために造作された書物とみなし、また聖徳太子関連記述には後代の僧侶たちが造作した伝説に基づく点が多いとして、豊かな中国学の知識に基づきつつ文献批判を進めていったのです。津田の主張はかなり強引な面もありましたが、様々な視点から論じていた点で画期的であり、これによって伝統に縛られずに研究する道が開かれました。

津田の研究に衝撃を受けた広島文理大学（戦後は広島大学文学部へと改組）の小倉豊文の場合は、少し変わっています。小倉は、「世間虚仮、唯仏是真」という太子の言葉に惹かれ、倉田百三の『出家とその弟子』（岩波書店、一九一八年）のような悩める聖者のイメージで太子をとらえて敬慕しながらも、あるいは敬慕していたからこそ、太子の真実の姿を明らかにしようとし、太子関連の記述を疑う客観的な研究をめざしました。

また、京都大学工学部出身の福山敏男（一九〇五～一九九五）も、津田の影響を受けた一人です。戦後に京大工学部の教授となる福山は、寺院や神社の建築史を本業とする建築史家でありながら、文献史料や美術についてもすぐれた見識を有しており、非常に厳しい批判的検討を試みました。後世の文献史料でなく、当時の姿を伝える金石文であるという理由で津田が信用した法隆寺金堂の薬師像や釈迦三尊像とその銘文などが疑われるようになったのは、福山の昭和十五年（一九四〇）の論文がきっかけです。

このうち、津田の学説は専門的すぎて、一部の研究者にしか知られていませんでした。ただ、「東洋は一体」といった掛け声のもと、軍国主義を強めてアジア諸国に進出しつつあった当時の風潮に反発した津田は、昭和十三年（一九三八）に『シナ思想と日本』を岩波新書の一冊として著し、世間に知られるようになりました。この書物は、インド、中国、日本は文化がそれぞれまったく違うため、安易に東洋文化などと言うことはできないと説いたものです。

その頃、文部省は諸大学に国体教育のための講座を設置させていました。東大法学部長であって偏狭な国粋主義に反対であった南原繁（一八八九～一九七四）は、その講座を昭和十四年（一九三九）に東洋政治思想史講座という形で開講しました。そしてその講師に、礼をつくして敢えて津田を招いたのです。日本を支える官僚養成の本丸である東大法学部への津田招聘は、国家主義者たちをいたく刺激することになりました。

その一例が、聖徳太子と親鸞とを熱烈に崇拝する和歌仲間が設立した超国家主義団体、原理日本社の活動家たちです。彼らは、聖徳太子信奉者であった小野清一郎が、雑誌に津田説批判を掲載したことをきっかけとして、津田のことを攻撃し始めました。「南無日本」などと唱えていたこの原理日本社の同人たちの中には、「世間虚仮、唯仏是真」という太子の言葉を改めて、「国際世間虚仮、唯日本是真」などと称していた人もいたのですから、津田に反発するのは当然でしょう。彼らが激しい非難を繰り広げたため、津田の講義の最終日には、超国家主義的な学生団体に属する学生たちが押し寄せ、授業後も長時間、津田を問難しました。そうした学生たちから津田を救い出したのが、当時、法学部の助手をしていた丸山真男です。

原理日本社の攻撃は次第に激しくなり、中でも最も精力的な活動家であって、自由主義的な有名教授たちを非難攻撃し、次々に大学から追い出していた蓑田胸喜《むねき》（一八九四～一九四六）

は、津田のことを「日本精神東洋文化抹殺論に帰属する悪魔的虚無主義の無比兇悪思想家」などと罵倒し、共産主義以上に悪質であるとして不敬罪で訴えるに至りました。

しかし、津田は実際には明治人らしいナショナリストであって、皇室を敬愛していたため、検察側は意図的な不敬罪の適用は無理と判断し、皇室の尊厳を冒涜した出版をおこなったとして、津田と出版元である岩波書店社主の岩波茂雄を出版法違反で起訴しました。執行猶予付きの禁錮三ヶ月の刑が言い渡されると、津田は控訴しましたが、この事件により、古代史に関する津田の著作は発行禁止とされ、津田は早稲田大学を去るに至っています。

この事件の背景となったのは、大正末期あたりから聖徳太子のことを「詔を承りては必ず謹め」と説いた天皇絶対主義の元祖として礼賛する風潮が強まっていたことです。聖徳太子について語る際、「憲法十七条」に説かれる「和」を重視するようになったのも、この頃からです。文部省教学局が社会主義対策のシンクタンクとして創設した国民精神文化研究所が作成し、文部省が昭和十二年（一九三七）に全国に配布した『国体の本義』のうち、「憲法十七条」を引用する「和と『まこと』」の章は、国家主義哲学者であった紀平正美《きひらただよし》（一八七四～一九四九）の主張が強く反映したものです。そこでは、我が国の歴史の根底にあるのは「和の精神」だと明言し、「君臣」の「和」を強調したうえ、我が国の「和」は単なる「和」ではなく、「和」と「武」を止揚した「大和」であるため、武の発動もありうると明記されていました。

聖徳太子は古代から長らく尊崇されてきたものの、知識人であった藤原頼長《よりなが》（一一二〇～一一五六）などを除けば、「憲法十七条」が説く「和」に注目して重視した人は多くありません。頼長は、その日記である『台記』によれば、康治二年（一一四三）十月二十二日に四天王寺に参詣した際、皇太子に対する礼である「二拝」で聖徳太子像を拝し、自分が天下の政治をとる際は、「憲法十七条」に基づいて統治し、天下の「乱」をおさめたいと祈願しています。

その「和」が教科書にまで載るようになったのは、おそらく戦時中の昭和十七年（一九四二）からでしょう。これは、日本人全員が「和」して上下一丸となり、大戦を戦い抜くためでした。この時期には、東京都戦時生活局では「憲法十七条」とその解説を都民すべてに配布する計画まで立てていたほどです。ただ、「憲法十七条」の「和」はあくまでも臣民間の和と解釈すべきであり、絶対的な天皇と一般の臣民が「和」するなどと説くのは不敬きわまりない、といった超国家主義的な議論もありました。これは、偶然ながら「憲法十七条」の立場と一致しています。

この時期、文部省は、太子を伝統的に尊んできた真宗の金子大栄・花山信勝その他の僧侶学者を動員し、太子を天皇主義の祖として礼賛する小冊子を次々に書かせて出版しました。これは、戦争に勝つためには欧米系の科学技術教育と軍需産業を初めとする近代的な諸産業の振興に努める必要があったためと思われます。欧米の文物はすべて野蛮なものとし、何から何まで排除しようとした神道系の超国家主義者たちの主張は、行きすぎであって邪魔だったのです。

このため、文部省は、「承詔必謹」を説いて天皇の絶対性を強調するとともに海外の文化と技術を盛んに取り入れた聖徳太子、それも、中国の梁代の学僧たちの注釈に基づきながら彼らの説を批判してそれを上回る三経義疏を書いたとされる聖徳太子を、現代日本の手本として推奨したのでしょう。つまり、この時期は、三経義疏に関する学問的に厳密な研究が、同時に国家主義と結びついていたことになります。

聖徳太子を持ち上げた点は、仏教界も同様です。過激な神道系国家主義者たちから、仏教信者は天皇を軽んじてインド人を拝む不敬の徒だなどと攻撃されたため、仏教界は、欽明天皇が公伝を認めて以来、日本仏教は伝統的に皇室と一体であって、聖徳太子も聖武天皇も仏教を信奉していたという点を強調したのです。とりわけ太子については、「承詔必謹」「背私向公」を説く天皇絶対主義であったことが強調され、太子は皇道仏教の柱となりました。中には、太子が信仰したのはインドに生まれた化身としての釈迦でなく、真理としての「法身《ほっしん》」だという点を強調する学者もいたほどです。そうした状況であったため、太子信仰が強い真宗でも、「神国日本」の概念と矛盾する太子の「世間虚仮、唯仏是真」の語については、公式文書では触れないようになっていきました。

戦後になると状況が一転します。聖徳太子は「和」を説き、話し合いを強調した民主主義・平和主義の思想家だと持ち上げる人が続出したのです。先に触れた花山信勝もその一人です。花山は国家主義的な面を強調した聖徳太子関係のパンフレットを文部省から何冊も出していましたが、終戦の詔勅を聞くと、これまでの日本は武でありすぎたが、日本は本来、文の国であってその代表は聖徳太子なのだから、その太子の精神によって再建をはからねばならないと考え、翌日から『勝鬘経義疏』の和訳に取りかかっています。聖徳太子を尊崇する真宗本願寺派の僧侶でもあった花山は、東京裁判の死刑囚たちの教誨師をつとめたことでも有名です。

一方、歴史学界・仏教学界では戦時中の国家主義的な仏教観、国家主義的な聖徳太子観に対する反省もなされました。その結果、太子の事績とされるものを批判的に検討し、できるだけ後代の捏造・伝説として否定しようとする傾向が強まっていきます。そうした伝説否定派は様々であって、社会主義的な観点から批判する研究者たち、あるいは、厳密な文献批判の立場から否定する研究者たちのほかに、太子を一人の悩む人間ととらえようとして超人的な伝説を否定する研究者たちもおりました。

この「人間聖徳太子」というとらえ方は、大戦末期に亀井勝一郎などが模索し、戦後になって一般常識として広まっていったものです。この傾向は、『歎異抄《たんにしょう》』が描く親鸞とその著者の唯円をモデルにして書かれた大ベストセラー、倉田百三『出家とその弟子』(岩波書店、一九一八年)の影響による面が大きいため、近代的また『歎異抄』的な「聖徳太子信仰の一形態」と言ってよいかもしれません。聖徳太子研究でも功績をあげた家永三郎が、『出家とその弟子』にならった形で、臨終時の太子とその子であって悩む山背大兄の対話を描いた子供向けの戯曲「聖徳太子」(毎日新聞社編『日本文化を築いた十偉人』、毎日新聞社、一九五一年)を書いているのは、その一例です。

戦後には、津田や小倉や福山の批判的研究が注目され、高く評価されるようになりました。また、自由に討議できるようになったため、小倉自身も研究を進めています。小倉は、太子が摂政として活動したという記述を疑い、『書紀』を見る限り、大臣馬子との共同執政であって、皇太子が天皇の代行として執政するのは中大兄皇子《なかのおおえのみこ》からと見たほか、正倉院文書その他の調査に基づいて三経義疏の太子撰述を疑う論文も発表しました。

その小倉が提唱した「厩戸王」の語を、ロングセラーとなった『聖徳太子』において説明抜きで用いた田村円澄は、小倉説をさらに一歩進め、共同執政ではなく、大臣馬子の独任体制であったと推測しました。田村がこうした見方をしたのは、太子は横暴な馬子に対抗することができず、斑鳩の地で悩みつつ仏教に専念したというイメージがあったためでしょう。田村は、『書紀』に見える太子像が仏伝によって潤色されていることを指摘し、そうした聖人としての太子像と「四十九年間の生涯を送った『人間』としての厩戸王」とを対比しています。

戦時中の国家主義的な仏教界や仏教研究を厳しく批判し、関西での影響力が大きかった二葉憲香なども、馬子を氏族的・呪術的仏教、太子を普遍的・国際的な個の仏教として対比しており、太子を特別扱いしていました。二葉は真宗の僧侶であって、いわゆる進歩的な学者の一人です。

こうした形で太子弁護をする研究も根強かったものの、資料を批判的に検討し、太子の事蹟とされるもののかなりの部分を疑う研究者が次第に増えていきました。これは、戦後になって学問が細分化して急激に進展し、文献の分析や仏像の年代判定その他が厳密になってきたことも一因となっています。ただ、最近は、太子礼賛派でない研究者でも、従来の批判的な見方の行き過ぎを反省し、『書紀』の記述は潤色されているものの、ある程度は史実を伝えていると見る研究者が少しずつ増えてきています。

（二）聖徳太子虚構説の問題点

戦後の批判的研究の行き着いた結果、というよりは、少しずれた方向へ行きすぎた例が、中部大学の大山誠一氏が唱え、名古屋市立大学の吉田一彦氏が道慈の役割を強調するなどして補強した聖徳太子虚構説です。すなわち、理想的な人物としての「聖徳太子」は、養老四年（七二〇）に完成した『日本書紀』の最終編纂段階において、律令制にとって理想的な天皇像を示すために創作された架空の存在にすぎず、実在したのは、斑鳩宮と法隆寺を建立した程度でさほど勢力はなかった厩戸王であって、「憲法十七条」その他は『書紀』編者の作、薬師三尊像とその銘、釈迦三尊像銘、天寿国繡帳とその銘、三経義疏など、法隆寺の太子関連の文物は、用語や内容から見て、すべて『書紀』以後に捏造された偽作だとする主張です。

この虚構説では、理想的な聖徳太子像を創りあげたのは、当時の権力者であった藤原不比等《ふひと》、皇族勢力の代表者であった長屋王《ながやのおおきみ》、そして養老二年（七一八）に長い勉学を終えて唐から帰国したばかりの道慈《どうじ》の三人だとします。為政者である不比等が儒教に関する部分を構想し、道教好きな長屋王が道教的な聖人像を打ち出し、学僧である道慈が仏教関連の内容を担当して、子孫が亡んでいて事蹟を捏造しやすい厩戸王を三教にわたる聖人に仕立てたのであって、聖徳太子に関する記事を実際に書いたり『書紀』の草稿を書き改めたりしたのは、学識豊かで唐の最新の状況を知っていた道慈だと説いていました。太子に関する記述以外でも、仏教公伝を初めとする仏教関連記事の多くを捏造したり書き換えたりしたのは道慈だとされました。また、聖徳太子信仰を広めたのは、太子を祀る夢殿を建設した法隆寺僧の行信と光明皇后であり、この二人がいろいろな文物を捏造したのだと主張します。

この虚構説は、厳密な文献批判に基づく研究とは言いがたい部分が多い主張でした。実際、大山氏は、藤原氏の四兄弟が疫病で亡くなるという危機にあたって聖徳太子にすがろうとした光明皇后が、多至波奈大郎女《たちばなのおおいらつめ》という架空の若き妃を作りだし、彼女を通して聖徳太子への思慕の情を表現しようとしたものが天寿国繡帳なのであって、この繡帳は「皇后の情念の所産」だと述べるなど、古代史小説のような空想をくり広げていました。ただ、太子の事蹟とされるものの多くを疑ってきたこれまでの批判的な学者たちと違い、センセーショナルな書き方をしていたため話題となり、新聞、テレビ、週刊誌などで盛んに取り上げられ、世間にかなり知られるようになりました。

しかし、「厩戸王」という呼称は、先に述べたように、小倉豊文が生前の呼称であった可能性のある名として提唱したものの、立証できずに終わった名でした。つまり、どの時代のどの文献にも全く見えない呼称なのです。「厩戸皇子」にしても、法隆寺系の資料には見えておらず、問題のあるものです。

そもそも、『書紀』の太子関連記述の漢文は、「憲法十七条」も含めて倭習と呼ばれる奇用・誤用で満ちており、「不、非、勿」の混同や語順の誤りなど初歩的な文法の間違いが多いため、十六年にもわたって唐に留学した道慈の筆ではありえないことは、『書紀』の区分論を画期的に進展させた名著、『日本書紀の謎を解く』を著し、『書紀』研究を一変させた森博達氏が指摘した通りです。

大山説を文献に基づかない「妄想」と断じた森氏の『書紀』研究については、近年になって井上亘氏が激しい調子で非難しましたが、それによって森氏の虚構説批判が成り立たなくなったということは全くありません。しかも、後述するように、『書紀』の太子関連記述は、場所によって太子の呼び方が様々であるうえ、用語も文体も場所によってそれぞれ異なっています。一人の人間がまとめて書いたとはとうてい考えられません。このことを指摘されると、虚構説論者たちは、明確な応答をしないまま論調を変え、道慈がすべてを書いたのではなく、道慈は方向を示すプロデューサーの役割を果たしたのだと主張するようになりました。しかし、スタッフたちが書いた文章を点検しないプロデューサーというのも妙なものです。

虚構説では、三経義疏は太子の撰述でなく、敦煌写本の研究で世界的に有名な藤枝晃の説に従って中国成立の書物を遣隋使がもたらしたとし、これを虚構説の有力な根拠の一つとしていました。この三経義疏の場合も、実は冒頭から変格漢文続きであるため、太子を指導した百済や高句麗の学僧（たち）が書いたのか、そうした僧侶（たち）が書いたものに太子が自らの見解を加えた程度なのか、僧侶（たち）の講義を受けつつ太子が実際に書いたのか、あるいは別の日本人が書いたのかはともかく、中国の学僧の著作ではありえないことは、筆者がコンピュータ分析によって論証した通りです。これまで藤枝説を採用していた古代史の研究者の多くも、最近では筆者の指摘を認めるようになっています。

虚構説は、文献だけで論じており、考古学や美術史の成果については全く考慮していませんでした。だからこそ、厩戸王は斑鳩宮と法隆寺を建立した程度にすぎず、さほど勢力はなかったと説くことができたのです。しかし、太子が斑鳩宮に並ぶ形で建立した法隆寺（再建された現在の西院伽藍でなく、その東南に跡が残る若草伽藍）は、蘇我馬子の招請により、百済の都である扶余《ふよ》の王興寺が完成した少し後の時期に百済から派遣された技術者たちによって、王興寺の瓦に似た形の瓦で葺かれた巨大な飛鳥寺と、尼寺である豊浦寺《とようらでら》とに続いて建てられた、本格的な瓦葺きの寺院でした。

その飛鳥寺が既にかなり出来あがっていた頃、追加して建てられた東と西の金堂の瓦を作るのに用いられたものと同じ系統の瓦当范《がとうはん》（土を入れて固める型）によって作られた瓦が、推古天皇の豊浦宮《とようらのみや》をこわして建てられた豊浦寺の金堂で用いられています。それを改造して豊浦寺で使われた瓦当范が、後に工人とともに斑鳩に移されたようで、法隆寺若草伽藍の金堂の瓦を作るために使われています。そして、それを新たな形に改め、若草伽藍の塔の瓦を作るのに用いられた瓦当范は、完了後に四天王寺に移されており、四天王寺中の最古の部分の瓦を作るのに用いられましたが、その時は、瓦当笵の文様の摩滅が目立つ状態になっていたことが報告されています。

王宮すら掘立柱形式であった時代に、難波の港から飛鳥の都へと至る中間に位置し、水陸交通の要衝の地であってそれまで物部氏が押さえていた斑鳩の地に、巨大な寺院を最新技術によって建てた以上、それも大叔（伯）父であって義父でもある蘇我馬子の支援を受けて建てた以上、太子は馬子に次ぐ勢力の持ち主であったと見るのが自然ではないでしょうか。宗教的権力を有し、全国にわたる皇妃養育用の私部《きさきべ》集団を擁していて資産もあった推古天皇はまた別ですが。

当時の巨大寺院は様々な性格を備えており、その一つは軍事的性格でした。筆者は誓願に関する論文を書いた際、古代の寺院は「城砦ともなりうる」ことを指摘しておきましたが、最近では、飛鳥寺は外郭が高さ五メートルほどの掘立柱柵（伽藍完成時は大垣）で囲まれていたことが分かっています。他に飛鳥の都への東側の入口に当たる山田道の傍らにあった蘇我倉山田石川麻呂の山田寺や、都の北部を東西に横切り、当時最も幅が広かった横大路の東端に立てられていた安倍氏の安倍寺など、重要な道沿いにあって蘇我氏と関係深い寺々も、周囲に高い掘立柱の柵がめぐらされていました。高い柵で囲まれていた点は、飛鳥寺・豊浦寺についで建立された法隆寺若草伽藍も同様ですし、四天王寺も掘立柱柵の遺構が発見されています。国内の豪族たちを威圧し、都を防御する役割をも果たしていたのです。

法隆寺がこのような存在であった以上、それを建設させた人物が国政に関わるだけの力が無かったとは考えにくいことです。こうした考古学の成果のほとんどは、推古天皇のもとで厩戸皇子と大臣の馬子が共同で政治に当たったとする『書紀』の記述と良く合致しています。実際の勢力は、若い太子より大臣である馬子の方がはるかに上であっても、天皇家を第一とする官製の史書であれば、大臣より皇太子とされる人物の方を先に書くのは当然でしょう。

虚構説では、『書紀』の最終段階で一気に理想的な聖徳太子像を創りあげたとするために、かなり強引な議論をしていました。その好例が『書紀』の八年前に完成した『古事記』に見える太子の呼称の軽視です。『古事記』は末尾で用明天皇の四人の男子を列挙する際、「上宮之《かみつみやの》厩戸豊聡耳命《うまやとのとよとみみのみこと》、次に久米王《くめのみこ》、次に植栗王《えぐりのみこ》、次に茨田王《まんだのみこ》」と記し、太子だけ長い敬称で呼んでいます。ところが、大山氏は、『古事記』下巻では天皇に即位する皇子以外で「命《みこと》」と言われているのは厩戸だけであり、実名以外に「豊聡耳」といった尊称を持つのも歴代天皇以外は厩戸だけだという重要な指摘をしておりながら、『古事記』は厩戸を特別扱いしているものの、神格化するには至っていないと結論づけるのです。この他にも、大山氏や吉田氏は重要な点をいくつか指摘しているのですが、それらを強引に自説の証拠とするため、せっかくの発見が生かされないことが惜しまれます。

右の大山氏の主張については、鎌田東二氏が一定の評価をしつつ結論を批判しています。鎌田氏は、「豊聡耳」というのは「賢智の特性を聖化した名前」であって、古代であればあるほど神名、地名、人名には呪術的な意味と力があったのだから、「上宮之厩戸豊聡耳命」という特別な呼称を用いている以上、『書紀』に先立ち、『古事記』には理想化された聖徳太子の原像が既に秘められていると見るべきだ、と説いたのです。『古事記』の編纂は、道慈が唐に滞在していた時期です。

また、最近では、遠藤慶太氏などの研究に見られるように、史書編纂のための史料を提出した有力氏族の立場を重視した研究、『書紀』の重要な素材となった百済系の史書に関する研究、『書紀』完成後すぐに官人に対しておこなわれた講義に関する研究などが進んできました。その結果、きわめて短い期間のうちに少数で謀議し、自分たちに都合が良いように重要な箇所を捏造して大幅に書き換えるといった作業は難しいことが明らかになってきています。『書紀』は国家が作成した史書でありながら、伝承に基づく豪族たちの主張や当時の儀礼を考慮し、「一書に云う」「或る本に云う」といった形で諸説を並記している特異な史書なのです。

むろん、『書紀』はその当時の権力者たちの意向を反映して書かれているうえ、有力氏族や編纂に関わった人物の祖先などについては、時には不当なほど好意的な書き方がなされています。しかし、『書紀』の根幹に関わるような重要な事項について大きく書き改めれば、その影響は全体に及んでしまい、膨大な修正作業が必要となるでしょう。また、三十巻もの大部の書物と系図とを天皇に献上するには、書の達人の手による慎重な清書をせねばならず、かなりの期間が必要となります。

しかし、道慈が帰国した養老二年（七一八）十二月から『書紀』が撰進された養老四年（七二〇）五月まで、実質は一年ちょっとしかありません。十六年も唐で学んだ学僧の道慈は、帰国してすぐ『書紀』の紀三十巻と系図一巻の草稿を見直し、不比等・長屋王と協議して儒教・道教・仏教にわたる聖人としての聖徳太子像を創りあげ、仏教関連記事の多くを書いたり書き換えたりして、そうした作業と矛盾しないよう関連する記事を訂正したのでしょうか。だとしたら、伝説の聖徳太子を思わせるような超人的天才ということになります。虚構説は、万能の聖人である聖徳太子を否定しようとして道慈の役割を強調し、太子関連記述以外でも説明に困る場合は、「これをやったのは道慈。ここも道慈の作文」などと説いていった結果、道慈をまさに聖徳太子のように博学で超人的な人物に仕立てあげるに至ったのです。

しかし、『懐風藻』は、道慈は唐から帰国してすぐ僧綱律師に任じられたものの「性甚だ骨《こつ》鯁《こう》（人となりがきわめて硬骨）」であって世間と衝突し、任を離れたと伝えています。また、道慈については、帰国後に『愚志』という書物を著し、日本仏教のあり方を厳しく批判したことが知られています。そうした人物が、不比等と長屋王に命じられるまま、間違いだらけの漢文を書いて仏教関連の歴史を捏造するとは考えにくいことです。実際、道慈は長屋王の酒宴への誘いを受けた際、僧と俗人は立場が違うとして辞退する漢詩を作って送っています。

また、道慈は三論宗の教学を学んでいたという記録がありますが、「憲法十七条」の第一条が説く「無忤」は、攻撃的であった中国の三論宗が激しく批判した江南の成実師《じょうじつし》系統の僧尼たちが尊重していた徳目であったことは、筆者が明らかにしました。三経義疏にしても、三論宗の立場ではなく、その三論宗が小乗仏教だと非難した『成実論』を尊重する学僧たちの注釈を種本として書かれており、三論宗の有力な注釈は使っていません。さらに、道慈は唐では『仁王《にんのう》般若経』を講義する一人に任命されて皇帝から褒賞を受けたことがあり、帰国後は『大般若経』や唐訳の『華厳経』を重んじていたことで知られています。しかし、そうした道慈の宗教的立場は、『書紀』では太子関連記事にも他の仏教関連記事にもまったく反映されていないのです。

道慈が『書紀』との関連で着目されたのは、『書紀』における仏教公伝の記述が、唐の義浄が七〇四年に長安の西明寺《さいみょうじ》で漢訳した『金光明《こんこうみょう》最勝王経』の文句を利用しているため、西明寺に留学していた道慈がこの『最勝王経』をもたらし、自らこの経によって『書紀』の草稿を潤色したと井上薫が推測していたことが最大の理由でしょう。しかし、『最勝王経』は、道慈以前に帰国した遣唐使や新羅留学の僧侶などがもたらした可能性も指摘されています。また、『書紀』では、『最勝王経』は仏教公伝記事を含む欽明紀以外にも、いくつもの巻で用いられているものの、太子の事蹟を記した肝心の推古紀では、『最勝王経』の文句の利用は指摘されていないのです。

他にも、虚構説に対する有効な批判はいくつもなされています。その一つは、律令制の手本となる理想的な天皇像を示すのであれば、なぜ特定の天皇を神格化せず、天皇にならずに亡くなった厩戸皇子をとりあげたのかという疑問です。たとえば、本間満氏は、『書紀』が聖徳太子を神格化して描いているのは、理想の皇太子像を示すためではないかと疑問を呈しています。

実際、『書紀』は推古二十九年（六二一）三月条では「厩戸豊聡耳皇子命《うまやとのとよとみみのみこのみこと》」と記しており、『古事記』と同様、太子について特別な敬称である「命」の語を用いていますが、『書紀』で「皇子命」と呼ばれているのは、天武天皇の長男であって、即位することなく太政大臣として権勢をふるった高市皇子のみです。高市皇子は長屋王の父親です。また、「皇子尊《みこのみこと》」の場合も、天武天皇と持統天皇の間に生まれ、天武天皇の後継第一候補であって、若くして亡くなった草壁皇子について用いられているだけです。草壁皇子は、後の文武天皇の父、聖武天皇の祖父です。太子は、そうした皇子と同じ扱いを受けていることになります。

また理想的な天皇像ということで言えば、『書紀』では、仁徳天皇を「仁孝」であって慈愛に富んだ理想的な「聖帝」として描いています。このため、仁徳天皇は近代に至るまで歴代の天皇の手本とされてきました。仏教伝来以前の仁徳天皇とは別に、仏教熱心な理想的天皇像も示す必要があったのであれば、仏教公伝を認めた欽明天皇を仏教信仰の篤い聖王として描くこともできたはずです。また、史書の編纂を命じた天武天皇から『書紀』完成時の元正天皇に至るまでの諸天皇は、すべて天智天皇・天武天皇の系統、つまり、天智天皇・天武天皇の父である舒明《じょめい》天皇の系統なのですから、蘇我氏系でない身でありながら巨大な九重塔を有する壮大な規模の百済大寺を建立した舒明天皇を仏教の聖人扱いする、という方法もあったでしょう。ところが、『書紀』ではそうなっていないどころか、舒明天皇は、仁に富んでいたとか、幼い頃から孝で有名だったといった賞賛すらなされておらず、仏教関連の記事も多くありません。

『書紀』が太子を理想的な天皇のモデルとして描くに当たっては、不比等が儒教、長屋王が道教、道慈が仏教関連記述の構想を担当したというのが虚構説の主張です。しかし、長屋王は邪な「左道」をおこなったという口実で自殺させられたものの、道教に傾倒していたことを示す資料はありません。それればかりか、長屋王は唐に千枚もの袈裟を布施として贈っており、熱心な仏教信者として中国でも有名でした。また、長屋王関連の木簡の中には、長屋王が写経所や造寺造塔のための工房を有していたことを示すものも存在しています。大山氏は、『長屋王家木簡と金石文』という研究書を出すほどの長屋王の専門家でありながら、こうした事実には触れないのです。神仙趣味程度であれば、不比等もそうした漢詩を作っています。

また、『書紀』に続く官製史書である『続日本紀』によれば、『日本書紀』は、舎人《とねり》親王が天皇の勅命を奉じて編修し、養老四年（七二〇）五月三日に奏上したと記されており、舎人親王は、不比等が亡くなった八月三日の翌日に知太政官事に任じられています。実質としては太政大臣に当たる役目です。その舎人親王は、藤原氏の策謀によると言われる九年後の長屋王の変の際は、新田部親王とともに長屋王邸におもむき、罪を糾問して自害させています。不比等と長屋王がいかに権勢盛んであったにせよ、『書紀』の草稿の根幹を、天武天皇の皇子のうちの年長の有力者であって『書紀』編纂の公的責任者であった舎人親王の意向を無視し、最後の一年で大幅に書き換えることが可能でしょうか。それとも、舎人親王は名目だけの責任者で中身にはまったく目を通さなかったり、虚構作りに加わったりしたのでしょうか。

虚構説では、法隆寺金堂釈迦三尊像銘も天寿国繡帳銘も湯岡碑文も、すべて『書紀』以後の偽作とし、「憲法十七条」は草稿を道慈が書き改めたものとしますが、これらについては、後述するように、美術史の常識や変格漢文に関する研究成果を無視していたうえ、重要な出典を見落とし、内容を正しく理解できないまま議論していました。このように、聖徳太子虚構説は、厳密な文献批判に基づくようでありながら、実際にはそうではなかったのです。

なお、政治面で卓越した手腕を示した不比等が儒教面、道教好きの長屋王が道教面、博学な学僧である道慈が仏教面を担当し、三教すべての面で聖人であって律令制における天皇の理想となる「聖徳太子」を創り出したとする大山氏は、聖徳太子礼賛から客観的研究に転じつつあった東大国史学科の出身であり、『長屋王家木簡と奈良朝政治史』という研究書を著していることが示すように、政治史を柱とする日本古代史の専門家です。その大山氏と特別に親しい研究仲間であってよく討議していた吉田一彦氏と増尾伸一郎氏のうち、増尾氏は道教文化を中心とした幅の広い研究者であり、虚構説を補強することによって大山氏とともに古代史研究のパラダイム変換をめざした吉田氏の専門は、古代から中世の日本仏教史でした。

そうした環境で生まれた聖徳太子虚構説の意義は、遠山美都男氏が指摘したように、『書紀』における聖徳太子関連記事について、どこまで他の資料と合っていて信用できるかどうかを個々の記事ごとに検討してきたこれまでの研究と異なり、『書紀』全体は厩戸皇子をどのような人物として描こうとしているのかという点に注意を向けたことにあると思われます。これは確かに重要な視点でした。

第二章　誕生と少年時代

（一）　呼び名の多様さ

天武十年（六八二）三月に始まった「帝紀及び上古の諸事」の編纂事業は、紆余曲折を経て養老四年（七二〇）に『日本書紀』となって完成しました。聖徳太子の生涯について考える際、第一の基本資料となるのはこの『書紀』であるため、本書では『書紀』に見える太子関連の記事の順序にほぼ従う形で太子関連記述を検討してゆきます。

『書紀』の太子関連記述で重要なのは、様々な系統の資料を切り貼りし、潤色を加えていることでしょう。その証拠の一つは、太子の呼び方が登場箇所によってばらばらであることです。太子に関する年代や系統の異なる様々な資料を寄せ集めて編纂されたことが知られている後代の『上宮法王帝説』と同様、非常に不統一なのです。一人の人間が一気に書き上げたり、諸資料を大幅に書き換えたりしたのなら、もう少し統一がはかられたことでしょう。

始めに『書紀』における太子関連の系譜を確認し、多様な呼称を整理しておきます。起点となるのは、欽明天皇（?〜五七一）と蘇我稲目《いなめ》です。欽明天皇のもとで大臣となり、長く活躍した新興豪族の稲目は、娘を三人までも欽明天皇に嫁がせました。そのうち、堅塩媛《きたしひめ》からは用明天皇・推古天皇・桜井皇子が生まれ、小姉君《おあねぎみ》からは穴穂部間人皇女《あなほべのはしひとのひめみこ》・穴穂部皇子・崇峻《すしゅん》天皇が生まれています。稲目の孫であって史上初の蘇我氏系の天皇となった用明天皇と、その用明天皇の異母妹であって同様に稲目の孫である穴穂部間人皇女との間に生まれたのが聖徳太子であるため、太子は、父方も母方も蘇我氏の血が入っている初めての天皇候補者ということになります。

しかも、太子は、父用明天皇の妹であって稲目の孫である推古天皇の皇女、菟道貝鮹皇女《うじかいだこのひめみこ》を妃としていました。また、稲目の長男であって大臣の位をついだ蘇我馬子の娘、刀自古郎女《とじこのいらつめ》を娶《めと》り、山背大兄《やましろのおおえ》や片岡女王《かたおかのひめみこ》ほかの子たちをもうけています。二重にも三重にも蘇我氏の色合いが濃いのです。

欽明天皇の正式の后は宣化天皇の皇女、石姫皇女《いしひめのひめみこ》であったと思われます。しかし、推古天皇二十年（六一二）二月には、蘇我稲目の娘である堅塩媛を「皇太夫人」として欽明天皇陵に改葬する盛大な儀礼が行われています。これは、実質としては、稲目の娘である堅塩媛を欽明天皇の皇后扱いするものです。つまり、用明天皇・崇峻天皇・推古天皇・聖徳太子の時代は、大臣をつとめた蘇我稲目・馬子の親子が、欽明天皇を始祖とする蘇我氏系の天皇たちを支えて王権を強化しつつ、自分たちの権勢を確立していった時期と見ることができます。

蘇我氏については、かつては天皇家をないがしろにして横暴に振る舞ったとして非難されていましたが、日野昭氏が指摘したように、蘇我氏が天皇家の権威を高めたという面にも注意する必要があるでしょう。これは蘇我氏の仏教受容とも関係しています。南北朝期から隋にかけての中国の仏教は、個人の内面的な信仰である以上に、造寺造塔や出家や写経や講経などの功徳によってまず皇帝の長寿と繁栄を願い、また自分の父母の追善や病気の治癒などを祈ることが多いものでした。つまり、仏教を受容して興隆させるということは、どの国においても王権を強化することを意味したのであって、倭国の伝統的な大王を中国風な皇帝に近づけることになるのです。

さて、『書紀』に見える太子の異称を年ごとに分けると、次の通りです。同じ箇所に複数出てくる場合は、かっこの中に回数を数字で示しました。

敏達五年　　　　東宮聖徳
用明元年　　　　厩戸皇子（注で異称として、豊耳聡聖徳・豊聡耳法大王・法主王）
崇峻天皇即位前紀　厩戸皇子（2）・皇子

推古元年　　　　　厩戸豊聡耳皇子・皇太子・上宮厩戸豊聡耳太子
同二年〜二十八年　皇太子（18）
推古二十九年　　　厩戸豊聡耳皇子命
同年是月条　　　　上宮太子（3）・上宮皇太子・皇太子・上宮豊聡耳皇子・太子
舒明天皇即位前紀　皇太子豊聡耳尊・先王（2）・聖皇
皇極二年　　　　　上宮（＊斑鳩宮や山背大兄を含むため、回数特定できず）

まず、最初の敏達《びだつ》五年（五七六）に見える「東宮聖徳」という呼称は、他の部分とはまったく異なっています。この個所は、豊御食炊屋姫《とよみけかしきやひめ》（後の推古天皇）が敏達天皇の皇后となったと述べ、二人の間に生まれた二男五女の名をあげ、その五人の皇女について結婚相手を記した部分です。そこでは、長女の菟道貝鮹皇女について「是嫁於東宮聖徳（是れ東宮聖徳に嫁す）」と述べ、豊御食炊屋姫の兄である用明天皇の子であって皇太子だった聖徳太子と結婚したと記されています。二女と四女についても、「是嫁於〜」の形で結婚相手が示されます。

皇太子を指す「東宮」の語については、律令制以後の用語と思われますが、ここで重要なのは、「是嫁於〜」というのは中国の史書には見えない変格表現であって、『書紀』でもこの箇所にしか登場しないことです。つまり、非常に特殊な表現であるため、この部分は、『書紀』が他の個所で天皇の皇子・皇女の系譜を記すために用いた資料とは異なる系統の資料に基づいていることになります。そうした特異な資料が「東宮聖徳」と記しており、「聖徳」の語を用いている点が注目されます。

ただ、「聖徳」の語は、用明元年（五八六）条でも、注の部分に「豊耳聡聖徳《とよみみと》」という形で見えているうえ、「東宮に位居す」という形で「東宮」の語も用いられています。似た形としては、七世紀後半の作という説が有力な法隆寺金堂薬師如来像光背銘にも「東宮聖王」とあります。「聖王」は、「ひじりのみこ」であって、この場合の「ひじりのみこ」は「聖人のような王子」といった意味ではなく、「ひじりのみこ」全体で太子の別名として扱われていると見るべきでしょう。

用明元年（五八六）条では、用明天皇と間人皇女の皇子・皇女たちについて述べるにあたり、まず長男の「厩戸皇子」をあげ、分注で「豊耳聡聖徳」「豊聡耳《とよとみみ》法大王」「法主王」という異称をあげています。この個所は「法大王」「法主王」という名が示すように、明らかに仏教関連の資料に基づいています。「豊聡耳」の「豊《とよ》」は日本風な美称であって、多くの資料では「豊聡耳」となっており、「豊耳聡」とあるのはこの「豊耳聡聖徳」の個所のみですので、「耳聡」とあるのは「聡耳」の誤写かもしれません。ただ、そうした形になっている写本が報告されていない以上、このまま受け止めておくほかないでしょう。

「耳」が「聡《さと》」いという文字が使われた点については、『法華経』の「法師功徳品」が、この経典を誦持する者は「其耳聡利（其の耳、聡利）」であるためすべての言葉を聞き分けることができると説いている個所（大正九・四八中）に基づくとする説もあります。実際にそうであれば、「耳聡」という順で良いことになりますが、「耳聡」の用例が少ないため無理でしょう。

「法大王」は「のりのおおきみ」であって「仏法に通じたおおきみ」の意であり、「大王」とあるのは天皇に準ずる地位にあったためと思われます。「法主王」は「のりのぬしのみこ」と訓むのか「ほうす（しゅ）のみこ」と訓んだのか不明ですが、「法王」と同じ意味、あるいは仏法に通じ、経典の講義・説教が得意なみこ（皇子）、ないし、おおきみと解釈することができます。「王」の語は、『書紀』の古訓では「おおきみ」と「みこ」の二種があるためです。後者は中国皇帝の子を「～王」と呼ぶのに従った用例です。ただ、「おおきみ」にしても、天皇やそれに準ずる地位の人物を意味するだけでなく、皇子や皇女などについても、身近な人たちが「おおきみ」と呼んでいる場合があります。

「法王」や「法主」については、ローマ法皇のような宗教的な地位を指すなどと解釈されがちですが、経典では教主の釈尊を指すほか、「法主」の場合は、南北朝時代の中国では、寺の僧たちを代表して経典講義を行なう弁舌あざやかな学僧を指すことが多いようです。ここはその両者を兼ねた用法である可能性があります。つまり、「法主王」という呼称は、『勝鬘《しょうまん》経』や『法華経』を講義したとする伝承と結びついており、太子を釈尊になぞらえて賞賛した呼称なのです。実際、『書紀』では「法王」と「法主」が並んで記されていますが、『勝鬘経』では、この順序通りに、釈尊のことを「法王・法主」と呼んでいる個所があるほか、勝鬘夫人が釈尊に「法主世尊！」と呼びかけた個所もあります（大正十二・二一七下）。

次に、崇峻即位前紀では、「厩戸皇子」が二例見えるのみであり、これは蘇我馬子と物部守屋《もののべのもりや》の合戦の個所です。この記事は、馬子軍が劣勢で負けそうになったため、厩戸皇子が木を削って四天王像を作り、戦いに勝てたなら寺を建てますと誓願し、馬子も同様の誓願をしたところ、劇的な勝利をおさめることができたため、後に太子が四天王寺を、馬子が法興寺を建てたと述べた個所であり、伝説化が進んだ四天王寺系の資料に基づくとされている部分です。「皇子」とあるのは、むろん律令制以後の用法です。

次に、推古元年（五九三）条では、始めに「厩戸豊聡耳皇子」と呼ばれ、以下、「皇太子」「上宮厩戸豊聡耳太子」とも呼ばれており、厩戸誕生の話が説かれています。このうち、「皇太子」は律令制に基づく用語ですが、『書紀』は神武天皇以来のすべての天皇について作為的に皇太子を認定し、律令以前であっても立太子記事を作文して載せています。これによって、『書紀』にとっては皇太子という存在がいかに重要なものと見られていたかが分かります。ですから、聖徳太子を「皇太子」と呼んでいる個所は、すべて七世紀末頃ないしそれ以後に元資料が書き改められたか、新たに書かれたことになります。

推古紀で目立つのは、二年・三年・九年・十一年（3）・十二年・十三年（3）・十四年・十五年・二十一年（5）・二十八年の記事では、太子は常に「皇太子」と呼ばれており、明らかに意図的な統一がなされていることです。ここまで統一するなら、他の個所でもなぜそうしなかったのか。このように綺麗に統一されているのは、これらの部分が基づいた資料でも統一した呼称になっており、書き換えが容易だったためかもしれません。坂本太郎などは、太子については早い時期に伝記がまとめられており、『書紀』はそれを利用しているのであって、法隆寺系の資料が用いられていないのはそのためと推測していました。その可能性は確かにあります。

『書紀』が太子の没年とする推古二十九年（六二一）二月五日条の記述は、また他と異なっています。奇妙なことに、そこでは「厩戸豊聡耳皇子命」が亡くなったと記され、老若男女が悲しむ様子が大げさに強調されているのに対し、それに続く「是の月、上宮太子を磯長《しなが》の陵《みささぎ》に葬る」以下の部分では、「厩戸」の名が出てこないのです。つまり、太子の薨去を聞いた高句麗の慧慈《えじ》に関する興味深い逸話と、それに対する世間の人の対応が詳しく語られており、太子の聖人ぶりが強調されているにもかかわらず、呼称は「上宮太子、上宮皇太子、皇太子、上宮豊聡耳皇子、太子」となっています。つまり、「上宮」と「太子」「皇太子」という呼び方が基本となっており、「厩戸」という語がまったく見えないのです。「皇太子」「皇子」という語が入っているため、律令制以後に潤色がなされていることになりますが、慧慈に関わるこの部分は、「厩戸」という語を用いている四天王寺系の資料とは異なる資料に基づいたことが推測されます。

「厩戸」を強調する「厩戸豊聡耳皇子命」という呼称のうち、「皇子命《みこのみこと》」という表現は、先に触れたように、『書紀』では、天武天皇の長男であって太政大臣として活躍した高市皇子について用いているだけでした。推古紀では、そうした重要な語が「厩戸豊聡耳」という大げさな表現と結びついて用いられていることに注意すべきでしょう。

なお、「豊聡耳」と「みこと」の語が結びついた例は、「天寿国繍帳銘」にも見えており、「等已刀弥々乃弥己等《とよとみみのみこと》」と記されていますが、「天寿国繍帳銘」にも「厩戸」の語は見えません。つまり、法隆寺系の資料は、「厩戸」という語を使わないのです。

次に、舒明天皇即位前紀には「皇太子豊聡耳尊」「先王（2）」「聖皇」とあります。太子に対して、「〜皇太子」でなく、「皇太子〜」と記しているのはここだけですので、別系統の資料でしょう。「先王」というのは、推古天皇の後継者をめぐる争いの中で、太子の長子である山背大兄王が父である亡き太子のことをそう呼んだ例です。したがって、他の箇所での敬称と異なっているのは当然でしょう。「ひじりのおおきみ」と訓んだと思われる「聖皇」は、推古天皇を指すという説もありますが、「先王」と同じ意味で用いられているため聖徳太子を指す、とする古典大系の注が適切と思われます。

最後の皇極紀の用例は、山背大兄《やましろのおおえ》が天皇後継争いに敗れて一族滅亡に至る悲劇を描いた部分に見えるものです。ここでは、太子とその長男の山背大兄が、斑鳩宮にいた皇子という意味で両方とも「上宮王」と呼ばれているため、区別するための妙な補足の表記が見られます。この件については山背大兄の活動と滅亡を説く部分で取り上げます。

その他、天寿国繡帳銘では、先に触れた「等已刀弥々乃弥己等《とよとみみのみこと》」の他に「我大王《わがおおきみ》」「大王」、法隆寺金堂釈迦三尊像銘では「上宮法皇」、七世紀後半の作と推定されている同金堂薬師像銘では「太子」「東宮聖王」、三経義疏の撰号では、『法華義疏』と『勝鬘経義疏』は「上宮王」、『維摩経義疏』は「上宮皇」となっています。『上宮記』佚文では「法大王」、『播磨国風土記』印南郡大国里条では「聖徳王」、『伊予国風土記』の佚文では「上宮聖徳皇子」、同書が引く湯岡碑文では「我法王大王」と呼ばれています。

慶雲三年（七〇六）頃に作られたとされるものの問題の多い法起寺塔露盤銘では「上宮太子聖徳皇」、新旧の史料を寄せ集めて平安中期に編纂されたと推定されている『上宮法王帝説』では、「厩戸豊聡耳聖徳法王」「聖徳法王」「聖王」「上宮」「上宮厩戸豊聡耳命」「上宮王」「太子聖徳王」「王命」「厩戸豊聡八耳命」「太子聖徳王」「太子」「上宮聖」「東宮聖王」「法皇」「東宮厩戸豊聡耳命」「法王」「上宮法王」「上宮聖王」「大王」などと異称が並び、問題の多い『元興寺縁起』では「聡耳皇子」「有麻移刀等刀弥々乃弥己等《うまやとのとよとみみのみこと》」と記されています。

古代にあっては、これほど多様な名で呼ばれている人は、太子しかいません。『書紀』以外の資料での呼び名がこれだけ様々であって『書紀』と一致しないことは、様々な系統において様々な呼称や事績が語られていたことを示すものです。となれば、『書紀』以前からそうであったと考える方が自然でしょう。そもそも、紙が貴重であった古代にあって、国家の史書である『日本書紀』三十巻を読むことができた人は、きわめて限られていました。太子関連の部分だけが抜き書きされ、広まっていた可能性はありますが、そうであれば、『書紀』で用いられている呼称ばかりになっても良いはずです。

以下では、『日本書紀』における太子関連記事を中心として、時代順に太子の事績を検討することとし、『書紀』それ自体と、関連する基本文献を読み直す作業を進めてゆきます。

（二）誕生と名前の由来

『書紀』では、聖徳太子の誕生については、用明元年（五八六）正月朔条の立皇后記事と、推古元年（五九三）四月十日条の立太子記事中で語られています。『書紀』については、古訓を参考にして敬語表現の多い古い形の訓読で読むことが多いのですが、漢文で書かれていることを重視し、本書では元の漢文に戻しやすい一般的な訓読の形を示すことにします。

まず、誕生時の状況を見てみましょう。『書紀』は太子の誕生年月に触れていません。『法王帝説』では「甲午の年」に生まれ「壬午の年」の二月二十二日に四十九歳で没したとしており、これによると、敏達三年（五七四）誕生、推古三十年（六二二）死亡となります。現在ではこれが通説となっています。問題は、立太子記事中に見える有名な厩戸説話です。

夏四月の庚午《かのえうま》の朔《ついたち》己卯《つちのとのうのひ》（十日）に、厩戸豊聡耳皇子を立てて皇太子と為す。……橘《たちばな》豊日天皇《とよひのすめらみこと》（用明天皇）の第二子なり。母の皇后を穴穂部間人皇女《あなほべのはしひとのひめみこ》と曰う。皇后、懐妊して開胎の日に、禁中を巡行して諸司を監察す。馬官に至りて、乃ち厩の戸に当たりて、労せずして忽《たちま》ちに産む。生まれて能《よ》く言い、聖《ひじり》の智有り。

（夏四月の十日に、厩戸豊聡耳皇子を皇太子とした。……用明天皇の第二子である。母の皇后を穴穂部間人皇女と申し上げる。皇后は、出産の日に、宮中を経めぐって諸々の役所を監察した。馬を管理する役所に至ると、馬屋の戸のところまで来て、苦しまずにたちまち産んだ。皇子は生まれたばかりで言葉をしゃべり、聖人の智恵を有していた。）

これは、伝説化が進んだ書き方です。「厩戸豊聡耳皇子」を立てて皇太子としたとありますが、むろん、「皇子」も「皇太子」も律令制の時代になってからの語ですので、立太子の儀礼が実際になされたとは考えられません。太子が用明天皇の第二子と記されているのは、太子には母違いの兄、多米王《ためのみこ》がいたためです。

それでは、問題となっている誕生の場面について検討してみましょう。「厩の戸に当たりて」の「当たりて」とは、ちょうどそのところで、ということです。「皇后」とあるのは後代の呼称に訂正したものであるにせよ、穴穂部間人皇女が出産の日に「禁中を巡行して諸司を監察」したという部分は、伝承としても不自然すぎます。こうした記述になったのは、仏典における釈迦誕生の場面をなぞっているためと思われます。

この誕生場面を要素ごとに分けると、（1）皇后が、（2）臨月の際、（3）あちこち歩き回って、（4）監察し、（5）馬の役所に至り、（6）厩の戸のところで、（7）「不労（苦しまない）」の状態で産み、（8）その子は生まれるとすぐ話し賢かった、ということになります。一方、数ある仏伝のうち、よく読まれた隋の闍那崛多《じゃなくった》訳『仏本行集経《ぶつほんぎょうじっきょう》』の「樹下誕生品」を訓読で示すと、次の通りです（状況説明を付加しておきます）。釈尊を「菩薩」と呼んでいるのは、仏となる前のあり方を示す伝統仏教の用法です。

（浄飯王《じょうぼんのう》の夫人である）聖母摩耶《まや》、菩薩を懐孕《かいたい》し、まさに十月《とつき》に満たんとす。……（摩耶夫人は、出産で亡くなる危険もあるとする父大臣の要望で実家に帰り、父が造らせたルンビニーの華麗な園林におもむき）処々観看し、此の林より復《ま》た彼の樹に向かう。かくの如く次第し、周匝《しゅうそう》「経めぐり」して行く。然るにその園中に、別に一樹有り、波羅叉《はらしゃ》と名づく。……彼の（素晴らしい波羅叉）樹の下に至る。……（胎内の菩薩が、摩耶夫人に普通の出産のような苦痛を与えないよう念じると）是の時、摩耶、地に立ち、手をもって波羅叉樹の枝を執《と》りおわりて、即ち（右脇からするすると）菩薩を生む。……如来、仏道（悟り）を成ずるを得おわりてより「無乏無疲、不労不倦《ふけん》」にして、よく一切の煩悩諸根を抜く。……菩薩、生まれおわりて、人の扶持すること無く、即ち四方に行くこと、（方）面ごとに各の七歩。……口に自ら言を出だす。（大正三・六八五中〜六八七中）

以上です。「王の夫人が」、「臨月の身で」、あちこちの樹を「観看し」て回り、ある樹の下に「至り」、その樹の「ところで」枝を握ると、「苦しむことなく子を生んだ」。その子、すなわち後の如来は、悟ってからは疲れ飽きることがなく、「生まれるとすぐ話した」、という流れです。言うまでもなく、釈尊は浄飯王の「太子」とされています。

この記述を読めば、状況が似すぎていることは明らかでしょう。『日本書紀』では、間人皇女が宮中の役所を監察して回ったという無理な設定にしていますが、当時は用明天皇はまだ即位していません。皇后でもない出産直前の妊婦がなぜ宮中の役所を巡察する必要があるのか。もし史実を反映しているとしたら、間人皇女か用明天皇と関わりの深い氏族の厩のところで出産したのであって、それがこのように仏伝によって潤色され、宮中を監察していて厩の戸のところで出産した、ということになったのでしょう。『書紀』編纂者がこのように潤色したのか、既に僧侶が仏伝を用いて太子の誕生をそうした奇跡譚に仕立てていたのかは不明です。

このように、『書紀』の誕生記事はかなり脚色されているものの、「厩戸」という名自体は何らかの史実を反映しているものと考える研究者が少なくありません。古代の皇子の名は、乳母を出すなどして養育を担当した氏族の名にちなむことが多いためです。このため、井上薫は、「厩戸」は実は氏族名であって、厩戸部《うまやとべ》出身の乳母が養育に当たったか、厩戸部が馬飼の技術によって太子に奉仕したかであると説きました。この元となった家永三郎説については、坂本太郎が、厩戸部という部民はなく、当時、馬の飼育にたずさわっていたのは馬飼部であると批判していましたが、井上は反論しました。すなわち、「〜戸」と称する十七の氏族は、いずれも朝鮮渡来系であって、河内などに多いとする岸俊男の研究に基づき、「厩戸《うまやと》」という氏族がいたのだと主張し、その証拠の一つとして出したのが、『続日本紀』の記述です。

それによれば、天平神護元年（七六五）五月に、馬養造《うまかいのみやつこ》人上《ひとうえ》は、播磨国印南野に住んでいた祖先の牟射志《むざし》は馬を養うことが得意であったため、上宮太子に仕えて「馬司」に任じられたが、『庚午年籍《こうごねんじゃく》』作成の際、祖先が誤って馬飼部に編入されてしまったため、土地の名に基づいて「印南野臣」の姓を賜りたいと申し出て許可された、とあります。

井上は、これは太子の馬官が古来の伴造制の官司とは異なっていたことを示す例と見ています。また、渡来人である司馬達等《しばたつと》は、名から見て馬をつかさどる職掌であって、その子孫は馬飼部ではなく鞍作氏となっており、鞍作氏は蘇我氏だけでなく上宮王家とも関係が深かったという点も指摘しています。その他、いくつかの論点に基づいて「厩戸」は「うまや」の「戸」ではなく、厩戸氏に由来するのであって、後にそれが忘れられるようになった結果、「馬小屋の戸のところで生まれた」などという伝説が生まれたと論じたのです。可能性としてはありえますが、「厩戸」という氏族が実際にいて用明天皇や上宮王家と関わっていたという早い時期の記録が残っていない以上、論証としては弱いと言わざるをえないでしょう。

いずれにせよ、厩戸皇子が良い馬を飼う技術を持っていた渡来系氏族と関係が深く、「厩戸」という名もその関連で付けられたことは事実と思われます。大叔（伯）父の名は蘇我馬子であり、『法王帝説』によれば太子の子の中には「馬屋古女王《うまやこのひめみこ》」（『上宮記』の佚文では「馬屋皇女」）の名も見えます。太子が後に移住した斑鳩の地にしても、その南側は古くから馬の飼育が盛んな土地であり、現在でも「牧」「馬」などの字を含む地名がいくつも残っています。また、斑鳩から飛鳥に至る土地には、太子が馬を休ませたと伝承される場所が存在しています。

ここで注意しておくべきことは、「厩」という語が持つ語感が古代と現代では異なることです。厩で生まれたというと、粗末な馬小屋での誕生を想像しがちですが、『書紀』のいう「馬官」の「厩」という言葉のイメージは、そうしたものではありません。『書紀』の応神皇十五年条には、百済《くだら》王が阿直伎《あちき》を派遣して良馬二頭を献上し、阿直伎は「軽の坂上の厩」でその馬を飼うとともに、儒教の書物に通じていたため「太子菟道稚郎子《うじのわきいらつこ》」の「師」となって教えたとあります。すなわち、「厩」で馬を飼う者が「太子」を教育する「師」となっているのです。『懐風藻』の序ではこのことを「百済入朝して、龍編《りゅうへん》（中国の古典）を馬厩《ばきゅう》に啓《ひら》」いたと記していることに注目した新川登亀男氏は、「厩」は当時は教育の場でもあったことに注意しています。天皇に関わるような「厩」については、いわば、欧米から技師が派遣されていて英語教育もやっていた明治・大正時代あたりの最新の自動車工場のようなイメージがあったのです。

当時の馬は、今日のサラブレッドのような改良された馬ではありません。しかし、替え馬を道の途中に用意しておき、当時の一般の人には信じられないような速さで斑鳩と飛鳥を良馬で往復した可能性は高いと見るべきでしょう。黒駒に乗って空を飛んだなどという後代の伝説は、太子と馬に関するそうした伝承が、太子時代の釈尊が夜中に宮を出て出家する際、音がしないよう天人に支えられた馬に乗って城を出たなどといった説話と結びつき、大げさになっていった結果生まれたものと思われます。

キリスト教との関係について言えば、聖書本体は、イエスは馬小屋で生まれたとは明記していないことが指摘されています。「ルカ福音書」でも「初子を産み、布にくるんで、飼葉桶の中に寝かせた」と記すのみであって、家畜小屋で生まれたと明記する伝承は成立が遅いようです。また、漢文で書かれた景教、つまり唐代頃のネストリウス派のキリスト教文献では、現存する写本に限って言えば、イエスが馬小屋で生まれたと記しているものは見当たりません。景教の影響と説いた久米邦武の説が出てきた背景については、先に述べた通りです。

ここで注意すべきは、『書紀』に見える「厩戸・豊聡耳・皇子」という順番です。すぐ後では、「上宮厩戸豊聡耳太子」とありますが、これは厩戸説話の後に続く次の部分に基づいています。

且《か》つ、内教を高麗の僧慧慈《えじ》に習い、外典《げてん》を博士覚哿《かくか》に学び、並びに悉《ことごと》く達す。父天皇、愛して宮の南の上殿に居らしむ。故に、其の名を称えて上宮厩戸豊聡耳太子と謂う。

仏教を高句麗の学僧、慧慈から習い、儒教や歴史その他を博士の覚哿から学び、すべて通達したというのです。父である用明天皇がそうした聡明さを愛し、宮の南の上殿に住まわせたため、上宮厩戸豊聡耳太子というと述べています。

この部分はあまり問題にされておらず、用明天皇がいた磐余《いわれ》の池辺双槻宮《いけべのなみつきのみや》はどこにあったのか、また太子が住んでいた上殿（上宮）はどこだったのかをめぐる論議が盛んです。しかし、慧慈が来日したのは、『書紀』によれば推古三年（五九五）であって、父の用明天皇はとっくに亡くなっていますので、慧慈と覚哿から聞いたことすべてに通達したので父天皇が感心して上宮に住まわせた、という流れで理解することはできません。後になってそうなるほど聡明だったので、ということでしょう。

重要なのは、「習う」の原義は、師が言うことを繰り返して身につけること、「学ぶ」は「まねぶ」と同じ語源であって真似することであり、師の言うとおりに反復し、覚えてしまうことです。慧慈と覚哿に師事して学問を体得したというのは、単に優秀だというだけのことでなく、耳の良さを示す逸話なのでもあって、中心となるのは、「豊聡耳」なのです。しかも、「悉く達」したという表現は、釈尊の太子時代の名であるシッダッタ（Siddhattha）〔梵語はシッダールタ（Śiddhārtha）〕の音写、「悉達《しっだ》」を考慮したものであることは、中西進氏が指摘しています。そうである以上、この部分は僧侶が書いた資料を元にしているか、仏教に詳しい官人編纂者が書いた可能性が高いということになるでしょう。

ここで問題になるのは、「上宮・厩戸・豊聡耳・太子」という順序です。『古事記』の「上宮之厩戸豊聡耳命」と同様に、「上宮に住んでおられた、厩戸ゆかりの、耳良しという名の、太子」という順序、あるいは「厩戸という名の、耳の良い太子」という順序であって、「厩戸」で生まれて「上宮」に住んでいたという実際の順序にしたがった「厩戸上宮」という表記にしていません。ここだけでなく、その他の史料でも、「厩戸上宮」となっている用例は皆無です。これは、「厩戸」という語が「豊聡耳」と結びついていたことを示すものと思われます。

神道で重要な『六月晦大祓祝詞《みなつきのつごもりのおおはらえののりと》』には、「高天原《たかまがはら》に耳振り立てて聞く物と馬牽《ひ》き立て」とあり、後代の吉田流『禊祓詞《みそぎはらえのことば》』でも「さお鹿の八《やつ》の耳を振立て聞食《きこしめ》せと申す」とあることが示すように、耳が良く動き音に敏感な馬や鹿は、しっかり聞く動物の代表とみなされ、「聞く」という動作の枕言葉のように用いられていました。「厩戸豊聡耳皇子」にしても「上宮厩戸豊聡耳太子」にしても、「厩戸」の語が「豊聡耳」の前に置かれているため、「馬のように耳が良い」というイメージを創りだしています。推古二十九年条に「上宮豊聡耳皇子」という表現が見えているのは、「厩戸」は省略できるということでしょうから、名前の本体は「豊聡耳」であった可能性があります。実際、天寿国繍帳銘では、欽明天皇以来の系譜を述べる際、太子のことを「等已刀弥々乃弥己等《とよとみみのみこと》」と呼んでいました。

以上のことから考えると、太子は幼い頃から聡明で、耳がきわだって良く、たくさん聞いてもそっくり覚えてしまったため、「豊聡耳」と呼ばれており、後になってから、そのように耳が良い理由が厩戸（で生まれたこと）と結びつけられ、またその「豊聡耳」ぶりが慧慈や覚哿に師事した際の優秀さによって強調されているとも考えられます。推古元年とその没年の記述は、それをさらに仏伝になぞらえて神話化したものでしょう。

厩戸誕生説話は仏教経典による面が多いことは、誕生説話に続く「聖の智有り」、「一《ひと》たびに十人の訴えを聞き、失せずして能《よ》く弁ず」、「兼ねて未然を知る」などの記述からも知られます。まず、「聖の智有り」という表現と未来を知ることとが結びついている例としては、『成実論《じょうじつろん》』があげられます。百済仏教が手本とし、三経義疏の種本となった注釈を著した中国南朝の梁《りょう》の三大法師が基礎学として重視していた『成実論』には、「亦た未来の事、いまだ生せずいまだ有らざるも、聖智もて能《よ》く知る」（大正三二・二七九中）とあるのです。また仏教百科事典としてよく読まれた『大智度論』には、「聖人も亦た是の如し。聖智力有り、いまだ起きずと雖《いえど》も、しかも能《よ》く知り能く見る」（大正二十五・五三〇中）と記されています。

「一たびに十人の訴えを聞き、失せずして（勿失）能く弁ず」という箇所のうち、「勿失」については、古訓では「失《あやま》ちたまわず」と訓んでいました。「勿失」は不適切であって「不失」としなければならないところですが、伝統的には「失」を「過失」の意にとり、十人の訴えを一度に聞いて間違えずに理解し、それぞれの訴えにきちんと裁定をくだしたと解釈されてきたのです。

ところが、『大品《だいぼん》般若経』（大正八・三八八上）と、その注釈である龍樹の『大智度論』巻八十七（大正二十五・六七二上）には、「是の菩薩、天耳《てんに》の浄らかなること人の耳を過ぎたるを用い、十方諸仏の説法を聞き、聞く所の如くして失わず」とあります。「この菩薩は、常人の耳よりはるかに浄らかな天耳によって、東西南北など十方向の世界におられる諸仏の説法を聞き、しかも聞いた通りに覚えて忘れない」というのであって、この場合の「失」は忘失という意味です。この経典に限らず、初期の大乗仏教では仏にお会いしたいという願いが強烈であるため、神通力によって十方の仏国土に参上してそこにおられる仏の教えを聞き、忘れないということが強調されている経典がいくつもあります。これらのことから考えると、推古紀の記述は、非常に耳が良かったといった伝承を、こうした経典に基づいて「一度に十人の訴えを聞いて、忘れなかった」という形に改めたか、既にそう記されていた資料を利用したのではないでしょうか。

なお、仏典にしても中国古典にしても、優秀さを強調する際は、「一聞（ひとたび聞けば）」理解したとか、忘れないといった表現はたくさん出てきます。このことから考えると、もともとは、何人もの人に次々に会ってその言い分を聞いた後、「Aはこれこれと言ったが、それは正しくない。Bはこう言ったが、これはその通り。Cはこのように言ったが、これこれの点は……」などというように、すべて記憶し、後で道理の有無を的確に判定することができたということであったかもしれません。それが後になって「一時に複数の人の言うことを聞き分けて誤らなかった」と伝説化し、それを仏典の表現を利用して記したか、あるいは、耳が非常に良かったという伝承を大仰に書き立てるために、仏典のそうした表現を用いたことも考えられます。

仏典の表現に基づいていると思われることは、「兼て未然を知る（兼知未然）」についても同様です。「兼」を「かねて（あらかじめ）」の意で用いるのは倭習であることを森氏が指摘していますが、その正しい形である「預知未然」という表現であれば、広く読まれた『六度集経《ろくどじっきょう》』に、「昔、聖王有り。……往古に明るく、預《か》ねて未然を知る（昔有聖王。……明於往古。預知未然）」（大正三・四八下）と見え、聖王が過去の歴史に明るく、また未来のことを知っていたとされており、「聖」と「知未然」の結びつきが見られます。この『六度集経』は、『書紀』の山背大兄の記事において利用された可能性があると、八重樫直比古氏が指摘している経典です。

また、梁代の仏教類書であって流行した『経律異相《きょうりついそう》』では、「唯だ仏有りて豫《かね》て未然を知る（唯有仏豫知未然）」とあり、ここでも類似した表現が見られます。一方、『書紀』以前の中国の主要な古典や史書には、「かねて未然を知る」やこれに近い表現は見当たりません。

ここで重要なことは、『書紀』では、耳が良いということが「聖」であることと結びつけられていることです。実際、「聖」という語は、字形が示すように「耳が良くて聞き分ける」ことが原義とされています。『書紀』は、太子が耳の良い聖人であることを異様なまでに強調しようとしているのです。

『書紀』で「聖」であることが強調されている人物は、仁徳天皇がその代表ですが、仁徳天皇も聖徳太子も、実は天皇の第一候補でなかったことに注意すべきでしょう。仁徳天皇は、皇太子であった菟道稚郎子《うじのわきいらつこ》皇子が、弟の大鷦鷯尊《おおさざきのみこと》（仁徳天皇）の方が「仁孝」で徳が有るとして辞退した結果、即位したとされますが、不審な点があります。聖徳太子の場合も、敏達天皇と推古天皇の間に生まれた竹田皇子などの方が有力な天皇候補者でした。

厩戸誕生説話に続く太子礼賛の記述については、早くから中国古典に基づいて作文されたとされてきました。たとえば、『史記』黄帝条に「生れて神霊あり、弱《わか》くして能《よ》く言う」とある個所などがそれであり、中西進氏は『列仙伝』の「老子、生れて能く言う」の個所が典拠と推測しています。その『列仙伝』では、仙人の呂尚《りょしょう》について「生而内智、予知存亡」などの表現も見られます。『書紀』は「類書」と呼ばれる百科事典的な用例辞典に見える例を切り貼りしている場合が多く、太子が「聖」であることを強調した個所にもそうした例が見られますが、推古紀のこの部分の記述とぴったり合った表現になっている類書はないようです。

なお、橘寺も太子誕生の地という伝承を有しており、寺の伽藍配置などから見て上宮王家と関係があることは確かです。ただ、この寺での太子誕生については、古い資料がありませんので、ここでは取り上げません。

（三）　教育

先に見た推古元年四月条では、太子は「内教を高麗の僧慧慈に習い、外典を博士覚哿に学び、並びに悉く達す」と記されていました。「内教」、すなわち仏教を高句麗の僧である慧慈に習い、「外典」、つまり儒教や歴史その他の中国の書物に関する学問を覚哿に学び、完全に身につけたというのです。こうした書きぶりだと、覚哿も高句麗の学者のように見えますが、そうではないでしょう。『書紀』によれば、百済は早い時期から儒教の学者や技術者や僧侶を何度も交代制で日本に送り込んでいるのに対し、現存資料による限り、高句麗は僧侶しか派遣していません。

推古元年の記事以外では、推古三年（五九五）五月十日条に、

高麗《ママ》の僧、恵慈、帰化す。則ち皇太子、師とす。是の歳、百済の僧、恵聡《えそう》来れり。此の両の僧、仏教を弘演《ぐえん》して、並びに三宝の棟梁と為る。

とあり、高句麗の僧である慧慈が「帰化」し、皇太子がその慧慈に師事したとしています。そして、これに続けて、「是の歳」に百済の恵聡もやって来て、この二人の僧は仏教を広めてともに「三宝の棟梁」となったと記されています。「棟梁」という語は、隋の文帝が開皇七年（五八七）に六人の著名な学僧たちを都に招いた際の詔に「釈氏の棟梁」とあるほか、近年になって百済の弥勒寺の西塔から発掘された金製舎利奉安記にも、百済の王后が仏教の「棟梁」であったとする記述が見えます。己亥（六三九）のものであって、太子より少しだけ後になり

ますが、ほぼ同時代の用例です。

『書紀』では、太子の師匠となる慧慈が推古三年に「帰化」したため、これに師事し、同じ年に百済の恵聡もやってきた、としていますが、不自然な記述です。まず、帝王の徳を慕って渡って来たという意味である「帰化」という語は適切でありません。高句麗が任期付きで送ったのであって、慧慈は派遣されて来たのです。しかも、慧慈が来朝した推古三年には、太子は既に成人しており、数えで二十一歳です（以下、年は数えで表記します）。しかし、古代日本の教育、特に貴人の教育は幼い頃から母方によってなされるのが通例であり、そのうえ太子は父方・母方とも蘇我氏の血を引く初めての天皇候補者でした。百済と関係が深く、渡来系氏族を多数支配下に置いていて仏教導入にも力を入れていた蘇我氏が、賢かった太子に対して、幼い頃から最新の英才教育をしなかったはずがありません。

慧慈の役割を重視する坂本太郎は、百済の恵聡はこの年に来た可能性があるものの、慧慈はもっと前から来朝していて太子を教えていたものと推測します。推古三年に慧慈の来朝と恵聡の来朝を並記してあるのは、同類の記事をまとめて記す史書の筆法によるものと説くのです。しかし、これは逆ではないでしょうか。

中国にならい、自らを天下の中心とみなす小中華主義の立場をとる『書紀』では、百済・高句麗・新羅の古代朝鮮三国のことを、いずれも大国である日本を宗主国と仰ぐ国のようにみなしていました。高句麗の好開土王碑が示すように、倭国は新羅に侵入して従わせたことがあったうえ、朝鮮三国は激しい対立抗争を繰り返していた時期、高句麗の場合はそれに加えて隋の遠征軍に苦しめられていた時期に、盛んに倭国に贈り物をして関係の向上を求めたことがあったため、そうした時期を基準にして考えていたのです。中でも百済については下位の国、新羅は倭国に従う時期と不当な敵国として対立する時期がある国として警戒して扱うことが多いのに対し、北方の高句麗に関しては、格下と見つつも国力のある国として一目置いた扱いをしている様子が見られます。

つまり、『書紀』は、文化先進国であった高句麗から評価されたことを強調する傾向があるのです。このことは大山誠一氏も指摘していました。このため、実際には『書紀』の記述以上に、百済から来た学僧・学者・技術者が重要な役割を果たしていたと見るべきでしょう。

『元興寺縁起』なども考慮すると、『書紀』の推古紀三年条が、慧慈と同じ年に来朝してともに三宝の棟梁となったと記している恵聡は、崇峻元年（五八八）に聆照《れいしょう》律師の弟子として百済から来朝した恵聡（＝恵総・恵忩）のことであるように見えます。太子はこの時は十五歳です。百済渡来、ないし百済系の学者や僧に習うことは、それ以前から始まっていたでしょう。

慧慈が優れた学僧であったこと、来朝以来、太子と意気投合して熱心に指導したことは事実かもしれませんが、早い時期に太子に仏教の基礎を教え、また儒教や歴史その他の教養を教えたのは、百済から来た僧や学者であった可能性が高いと思われます。実際、『書紀』では、欽明十五年（五五四）二月条では、百済の要請に応えて救援の兵を送るのと引き替えのような形で、百済から「五経博士」や僧が派遣されて来ています。しかも、それまでに任期付きで派遣されていた人たちと交代しており、「僧の曇慧《どんえ》など九人を、僧の道深《どうじん》など七人に代」えたと明記されているのです。また、敏達天皇六年（五七七）夏五月に大別王《おおわけのおおきみ》と小黒吉士《おぐろのきし》を百済に派遣したとし、同年の十一月、百済王は帰国する大別王などに「経論若干、并びに律師・禅師・比丘尼・呪禁師《じゅごんし》・造仏工・造寺工、六人」を贈ったため、朝廷はこれらの人々を難波の大別王の寺に置いた、と記されています。

　これらは、疑う必要のない記述です。『書紀』では、仏教は欽明天皇の時に公伝されたとし、蘇我氏と聖徳太子を中心にして描かれていますが、仏教はそれ以前から、渡来系氏族や渡来人や百済などに派遣された日本人たちによって、ある程度伝わって来ていました。渡来系氏族を配下にかかえ、仏教を尊重した蘇我氏の庇護のもとで育った太子は、幼い頃から、つまり慧慈が来朝する前から、渡来僧や渡来系氏族の知識人信者などに仏教を習っていたはずです。

　その場合、百済訛りの中国音で経典を読誦していただけでなく、百済語の講義を聴いて百済語でやりとりをしていた可能性が高いと考えられます。実際、『扶桑《ふそう》略記』では、推古元年（五九三）一月十五日に、飛鳥寺の塔の礎石に仏舎利を安置し、翌日、塔の心柱を建てる行事が行われた際、蘇我馬子ら百名ほどが百済の服を着用したと述べており、当時の百済文化への心酔ぶりがうかがわれます。そうした百済びいきの馬子が、父方、母方とも蘇我氏の血を引く初めての天皇候補たる太子に、百済人による英才教育をほどこさないはずがありません。

また、法隆寺が刊行している玄奘訳唯識説の論書、『成唯識論《じょうゆいしきろん》』のテキストである『新導本《しんどうほん》成唯識論』では、「識ガ転ジ」とあるべきところが、「識イイ転ジ」と送り仮名が振られています。この「イイ」は、日本語の「が」に当たる朝鮮語の「이《イ》」でしょう。つまり、伝統を誇る法隆寺の学問は、朝鮮語を交えて訓読するやり方を今日まで伝えているのです。太子当時は、明治初期の大学で「お雇い外国人」が英語やドイツ語で講義していたような状況であったと思われます。

なお、『書紀』では、慧慈や覚哿に習い、すべて「悉く達」したという記事の後に続き、父の用明天皇がそうした聡明な太子を愛し、「宮の南の上殿に居らし」めたため、その名を讃えて「上宮厩戸豊聡耳太子」と称したと記されています。これは、用明天皇元年正月条に「初め上宮に居り、後に斑鳩に移る」とあるのと合致しますが、疑問な点もあります。

この上宮の場所については、本居宣長が奈良の桜井市上之宮《うえのみや》と推測して以来、それに賛同する人が絶えません。実際、この地の遺跡からは、六世紀中頃から七世紀初めにかけての掘立柱建物や石敷などが多数発見されていますが、この上之宮の地については、太子との関係を記した古い資料はありません。というより、そもそも用明天皇が住んでいた磐余《いわれ》の池辺双槻宮《いけべのなみつきのみや》の所在が不明であるうえ、斑鳩の宮が上宮と呼ばれたことは先に触れた通りです。子供の頃に上宮と呼ばれるところに住んでおり、斑鳩宮はその名を引き継いだという可能性もないではありませんが、現状では、「宮の南の上殿」に関する伝承については不明としておくほかないでしょう。

一方、太子終焉の地と伝えられる法隆寺南の地は古くから「かみや」と呼ばれており、近世には「神屋」の字もあてられています。平田政彦氏が説くように、これは「かみつみや」がつづまったものでしょうから、「上宮」は「うえのみや」でなく、「かみつみや」だったと思われます。海外の種本ではないと明記する『法華義疏』では、著者名は「上宮王」となっており、この場合は、漢字音で「じょうぐうおう」と訓ませたことでしょう。なお、岡部毅史氏によれば、『宋書』巻一七・礼志四では、皇太子が皇帝の代行として職務を執行することを「上宮に住する」と称していますが、それを意識した記述であるなら、斑鳩宮ならともかく、太子が幼い頃に住んでいた建物は上宮ではなかったことになります。

（四）父の死、母の再婚

欽明天皇と石姫皇女との間に生まれた敏達天皇は、『書紀』によれば仏法を信じず、「文史（文学と歴史）を愛」したとされ、欽明天皇の時に導入された仏教の廃絶を認めたことが記されています。その敏達天皇が、即位十四年（五八五）八月に亡くなると、九月に即位し、磐余池のほとりに池辺双槻宮をつくって天下を治めたのは、敏達天皇の異母弟である用明天皇でした。太子はこの時、十二歳です。用明天皇は、欽明天皇と蘇我稲目の娘である堅塩姫《きたしひめ》との間に生まれていますので、蘇我氏の血が入った史上初の天皇ということになります。翌年の正月、太子の母である穴穂部間人皇女《あなほべのはしひとのひめみこ》を皇后としており、こちらも蘇我氏の血が入った初めての皇后です。むろん、当時は「皇后」という呼称はありませんので、「大后《おおきさき》」でしょう。以後、崇峻天皇、推古天皇と蘇我系の天皇が続きます。

用明天皇は即位二年目の四月二日に病気となり、三宝に帰依したいと思うので群臣たちは協議せよと命じます。この件をめぐって仏教反対派の物部守屋大連《おおむらじ》と中臣勝海《なかとみのかつみ》の側と、蘇我馬子側との対立が激化し、戦いとなったという筋立てです。用明天皇と仏教公伝を認めた欽明天皇の違いは重要です。欽明天皇の場合は、特定の氏族が天皇の「奉為《おんため》」を願う仏教を職務の一つとして実践することを認めたのに止まるのに対し、用明天皇は、自ら帰依しようとしているからです。つまり、用明天皇は初めての蘇我系の天皇というだけでなく、仏教を信仰した初めての天皇ということになるのです。

用明天皇は九日に亡くなってしまいますが、「瘡《かさ》」と記されていて天然痘らしいこの病気をめぐる記述で重要なのは、病気が重くなって臨終となった時、司馬達等の子で鞍作鳥《くらつくりのとり》の父である鞍作多須奈《くらつくりのたすな》が、「臣、天皇の奉為《おんため》に出家して修道せん。又た丈六の仏像と寺とを造り奉らん」と申し上げたところ、天皇は悲しみとまどったという点です。これは坂田寺とその仏像の由来譚であって、鞍作氏から提出された資料に基づく記述でしょう。

この「奉為」という言葉こそ、古代の仏教を象徴する言葉であって、誰かの「奉為」の誓願こそが当時の仏教の中心でした。高麗時代に書かれた高句麗・百済・新羅の仏教史である『三国異事』によれば、新羅においても、仏教の導入は王の娘の病気を治すため、色黒の外国僧と思われる人物が中国からもたらされた香を焚いて誓願したことがきっかけとされています。誓願を柱とする仏教は、最新技術だったのです。誓願されて用明天皇が悲しんだというのは、多須奈の忠義な心に感動したためでしょうが、こうした誓願は、もう助からなさそうな場合になされるためであったことも一因でしょう。実際、天皇はすぐに亡くなっています。太子はこの時、十三歳でした。

不思議なのは、『書紀』は太子が聖人であることを異様なまでに強調しているにもかかわらず、仁徳天皇の場合と違い、太子については「仁」とも「孝」とも述べておらず、「親孝行であった太子は、父天皇の回復を祈って夜も寝ずに誓願した」といった話を載せていないことです。現在では、「孝養太子像」と呼ばれ、太子が父天皇の病気回復を祈っている姿と伝える柄香炉を手にした木製の太子像が、多くの寺で祀られていますが、鎌倉時代以前のものは発見されておらず、また病気の父天皇のために誓願したと記す資料は、『聖徳太子伝暦《でんりゃく》』が最初です。この書によれば、太子は衣帯を解かず、日夜看病し、香炉を手にして「祈誓」し、その声が絶えることが無かった、と記されています。しかし、太子伝の集大成であって伝説化した話を多く並べ、後代に大きな影響を与えたこの文献は、平安中期頃の成立と推定されているものです。

それればかりか、法隆寺にも太子が父の病気平癒のために誓願したという古い記録はありません。その代わりに存在するのが、金堂の薬師如来像の光背銘です。この銘文は、文章も内容も特異であるため、真偽や成立年代について様々な説があります。まず、その説くところをやや強引に訓み下してみましょう。

池辺大宮に天《あめ》の下を治めし天皇は、大御身《おおおみ》労《いたず》き賜いし時、歳は丙午に次《やど》る年、大王天皇《おおきみすめらみこと》と太子《ひつぎのみこ》を召して誓願し賜わく、「我が大御病《おおみやまい》、太平ならんと欲し坐《ま》す。故にまさに寺を造り、薬師の像を作りて仕え奉らんとす」と詔す。然るに、時に当たりて崩じ賜い、造るに堪えざりければ、小治田《おわりだ》の大宮に天の下を治めし大王天皇、及び東宮の聖王《ひじりのみこ》、大命を賜りて、歳が丁卯に次る年に仕え奉りき。

つまり、用明天皇自身が病気になった丙午の年に、「大王天皇（後に推古天皇となる妹の炊屋姫）」と太子を召し、自らのご病気が治られますように、寺を造り薬師像を作ってお仕えしますと誓願したものの、まさにその時に亡くなったため、小治田宮で天下を治めた推古天皇と、皇太子である聖王、すなわち、聖徳太子とが、ご命令を承り、丁卯の年（推古十五年、六〇七）に造立申し上げた、というのです。用明天皇の言葉のうち、自分自身に敬語を用いているのは、『古事記』『書紀』『万葉集』における神や天皇などの発言に見られる自敬表現と同じ用法です。

この銘文は漢文とは言えない奇妙な用語と文体で書かれています。たとえば、「寺を造り、薬師像を作る」と書く場合、漢文であれば動詞が目的語の上に来るため「造寺作薬師像」となるでしょうし、日本語の語順のまま漢字にすれば「寺造薬師像作」となるでしょうが、この銘文では「造寺薬師像作」と中途半端な語順になっているのです。あるいは、「造寺」を術語として扱い、「造寺して薬師像を作る」と訓ませようとしたのでしょうか。「召於大王天皇与太子（大王天皇と太子を召し）」とあるうち、「於」は語調を整えるため、あるいは「～を召す」という形になっていて下に目的語が続くことを示すため入れたものであって「を」の役割に相当しますが、いずれも仏教漢文およびその影響をうけた変格漢文の用例です。中国の主要な古典には、「召於大王」や「召於王」といった表現は見当たりません。

また、古代にあっては、こうした臨終の際の誓願は周囲の人がおこなうのが通例であるため、「召於大王天皇与太子而誓願賜（大王天皇と太子を召して誓願し賜う）」は、「大王天皇と太子を召して誓願させ賜う」と訓むのかもしれません。そうであれば、臨終時に近しい周囲の人々が皆な誓願したものの、後に天皇になった推古と天皇代行となった太子だけを特記したとみることもできるでしょうが、そうであると、この文に続く「我が大御病」という言葉とのつながりが不自然になります。

推古三十二年（六二四）九月には、僧侶が祖父を斧で打った事件をきっかけとして、寺と僧尼を検査し、造寺の由来、および僧尼の出家の事由と年月日を提出させていますし、天武・持統朝には、寺に関する統制を厳しくし、国家が与える食封《じきふ》を個々に検討して増減ないし廃止し、官寺保護の方針を打ち出しています。推古朝と同様に、造寺の由来の調査などもおこなわれたでしょう。そうした状況にあたって、上宮王家が滅亡した後、再建法隆寺に対して国家の保護を獲得し、それが無理でも権威を保つには、用明天皇の勅願に基づいて推古天皇と皇太子が建立したという筋立てにせざるをえなかったものと思われます。実際、古代の造寺は、推古天皇の三宝興隆の詔のところで検討するように、国王と自らの父母などのために行うのが通例ですので、若草伽藍の創建の由来文書には、当時の天皇である推古天皇のため、また建立者である太子の亡き父、用明天皇のための造寺ということが謳われていたでしょう。

奇妙な点は他にも多く、この薬師如来の仏像そのものも、作風が太子当時の止利様式と違って柔らかであることが指摘されています。七世紀後半頃の作と見る説が有力であって、実際に薬師如来であるかどうかについても疑問が出されています。銘についても、像と同じ時期の作とする説と、像と違って伝承をある程度伝えていて古いと見る説があり、逆に奈良時代の追刻と見る説もあります。現在は、天智九年（六七〇）に焼失した法隆寺若草伽藍が七世紀後半に再建され始めた頃、薬師如来像が釈迦三尊像に似せて作られ、その際に銘も刻されたと見る説が有力です。

この銘の成立年代が問題になるのは、いろいろ理由があるからです。まず、丙午という干支は、この時期では五八六年を指しますが、その年は『書紀』では用明元年であり、銘文とは一年ずれることになります。薬師如来像銘を『書紀』以後に偽作するなら、正史として権威のある『書紀』に合わせるでしょう。ここに限らず、法隆寺系の資料に記す年号は、『書紀』の通行本と一年ずれています。そればかりか、『書紀』自身、天智八年（六六九）の冬に「斑鳩寺に災《ひつ》けり」と述べておきながら、翌年四月にも「法隆寺に災けり。一屋も余すこと無し」と記しており、おそらく重複記載と思われます。これは、様々な資料が用いている暦の違い、あるいは干支の計算方法の違いによるずれと考えるほかありません。

次の、そしてより重要な問題は、この銘文には「天皇」の語が用いられていることです。この銘文通りなら、これが「天皇」の語が見える最初の金石文となります。天皇号については、かつては天武天皇の時代に編纂が始まり、持統三年（六八九）に完成した「飛鳥浄御原令《あすかのきよみはらりょう》」で制定されたとするのが通説でした。ところが、一九九八年には飛鳥池遺跡から「天皇」と記された木簡が発見され、近辺から出土した木簡の干支から見て、天智朝の末頃から天武朝の初め頃のものと推定されて話題になりました。また、一九八五年に飛鳥京跡から出土した天武十年（六八一）頃と思われる木簡には、「大津皇」「津皇」「皇子」など大津皇子を指すと思われる文字が書かれており、「皇」の字が既に使われていました。この天武十年は「飛鳥浄御原令」編纂が始まった年です。このため、天皇号は「飛鳥浄御原令」以前に用いられていた可能性があるとする説が有力となっています。

また、森田悌氏は、律令制によって定められた「皇后」「皇太子」などでは、「皇」を漢音で「コウ」と呼んでいるのに対し、今日の「てんのう」という呼び方が示すように、天皇の「皇」

は「王」と同じ呉音の「ワウ（オウ）」であるため、律令制以前の成立と見てよいと論じました。この指摘は重要です。国内の公式の称号となっていたかどうかはともかく、天皇という呼称そのものは律令以前から使われていたと考えるべきでしょう。このことは、聖徳太子という名についてもあてはまります。『書紀』では「聖帝」などは「せいてい」と訓んでいるのに対し、「聖徳」は「しょうとく」ですので、律令制以後に生まれた呼称ではなさそうです。

問題は「天皇」の語がどこまで遡るか、どのような場面で用いられていたのかですが、七世紀後半の作成と推定される薬師如来像の光背銘は、それを判断する基準とはなりえません。ただ、「大王天皇」というのは奇妙な表現であって、律令制以後であればあり得ない言い方であるため、過渡期の資料に基づくとする説は考慮する必要があるでしょう。宣命を思わせる面もあることは何人もの研究者が指摘しており、北康宏氏は、この銘は、宣命調で述べられた舒明天皇の詔を権威づけのために利用したものと推定しています。

以上、太子の父用明天皇の死をめぐる資料を見てきました。当時の仏教の性格からすれば、太子は病気の回復を祈願し、また死後には追善を願ったことでしょうが、資料がないため推測に留めるほかありません。

もう一つ見逃せないのは、母である間人皇女の再婚です。『上宮法王帝説』によれば、「聖王の庶兄、多米王《ためのみこ》、其の父の池辺天皇崩じて後、聖王の母の穴《あな》太《ほ》部間人《べのはしひと》王を娶《めと》りて生める児、佐《さ》富《ほ》女王也」とあります。つまり、太子には異母兄である多米王（田目王）がおり、多米王は父である用明天皇の没後にその后、つまり太子の母である義母の穴穂部間人皇女を妻とし、佐富女王という娘をもうけたというのです。

近年の研究者や古代史小説家などには、母が義理の息子と再婚したことが多感な少年であった太子に衝撃を与え、悩ませたと見る人もいますが、古代の事柄について今日の感覚で考えるのは危険です。たとえば、唐の皇帝たちは、隋の皇帝たちと同様、北方遊牧民族の血を引いていて純然たる漢民族ではないためか、儒教では考えにくい結婚をしています。則天武后は太宗の下位の妃の一人でしたが、太宗没後、その息子である高宗が即位すると、高宗は「病気となった父太宗が、自分の親孝行なお仕えぶりに感心して生前に与えてくれた」などの口実を設け、義理の母である則天を様々な手を使って自分の妃にしています。また、玄宗は、息子である寿王の美しい妻を召し上げ、楊貴妃として寵愛したことは有名です。「貞女は二夫に見えず」という言葉があるように、夫が死ぬと未亡人は再婚しないというのが儒教の立場ですが、玄宗の頃の皇帝の娘や妹などの中には、生別・死別を含めて三度も四度も結婚している例が複数あります。

太子の場合、母の間人皇女は、晩年は斑鳩宮で暮らしており、周囲の人々から敬愛されていたようであるため、少なくとも晩年について言えば、太子と感情的なしこりがあったようには思われません。そのうえ、『法王帝説』によれば、間人皇女と太子の異母兄との間に生まれた佐富女王は、太子と菩岐々美郎女《ほききみのいらつめ》との間に生まれた長谷王《はせのみこ》と結婚し、二人の子供、すなわち葛《かつら》城王《ぎのみこ》と多智奴女王《たちぬのひめみこ》を生んでいます。この結婚は、太子の判断によるものと思われます。

(五) 物部守屋との合戦

太子の仏教信仰について考えるには、『書紀』の崇峻即位前紀に見える物部守屋と蘇我馬子の対立と合戦について触れざるを得ません。これは、実質は天皇の後継者争いであって、仏教導入の是非をめぐる争いではないとする見解があり、守屋らの働きかけによる仏教弾圧をフィクションと見る説もあります。上記のような見解の根拠の一つは、物部氏の本拠である渋川に寺の遺跡があるのは、物部氏も仏教を信じていた証拠だと説く研究者がいたからでしょう。しかし、早い時期における物部氏の仏教信仰を示す文献はないうえ、近年では渋川廃寺跡から出土した軒瓦は豊浦寺の瓦と共通していることが指摘されています。そうなると、建立は守屋合戦の後ということになるうえ、新しい層の瓦は再建法隆寺系であることが知られています。このため、最近では、渋川廃寺は敗死した守屋をとむらうために建立されたと見る説が有力となっています。

すなわち、天皇の後継者擁立をめぐって対立していた大連《おおむらじ》の物部守屋と大臣の蘇我馬子は、他のいろいろな面でも対立するようになっていたのであって、その一つが、仏教を天皇の治病などのために公的に採用することの是非であったと見ることができます。その争いに関する記述が、中国文献の表現を多く用いて潤色されていることは事実ですが、大幅に潤色されているからといって、すべて机上の作文であってその元となる史実など無かったと説くのは、古代における史書の書き方を無視した議論です。

中国北地に隣接する高句麗は、中国中央に進出した北方民族国家であった前秦の戦争に協力し、四世紀後半に褒賞の形で仏像と経典と僧を下賜されましたが、国内で反対する動きは記録にありません。有り難く受容するほかないのです。中国の南朝国家に朝貢していた百済の場合、様々な文物とともに仏教を受け入れており、特に六世紀には盛んに取り入れていますが、こちらも反対の動きは記されていません。ところが、朝鮮半島の東端に位置していて中国文化の取り入れが遅れていた新羅では、国王の仏教導入に賛同しない貴族たちが多く、最初の寺院建立をめぐる騒ぎの中で死者が出ています。さらに東端の島国である倭国の場合は、伝統尊重派が反対して当然であり、戦争にまでなっても不思議ではありません。

さて、『書紀』によれば、用明二年（五八七）四月、病気となった用明天皇が仏教に帰依することによって病気回復をはかろうとしたため、仏教反対派であった物部守屋・中臣勝海《なかとみのかつみ》と、仏教推進派の蘇我馬子の対立が激化し、ついに戦うに至ったとしています。勝海が「太子の彦《ひこ》人皇子《ひとのみこ》の像と竹田皇子の像を作りて厭《のろ》」ったなど、戦いを正当化するための作文と思われる部分や、文脈が矛盾している記述が目立つ文章です。

これらの記事を素直に読むと、天皇たらんとする野心に満ちた皇子を含めた後継候補の皇子たちと、それぞれの皇子を応援する豪族たちとが複雑にからみあい、離合集散しながら対立を深めていき、その中で多くの皇子たちと豪族たちを味方としてかかえることに成功した蘇我馬子が、積極的に軍事行動に打って出たように見えます。この前後に仏教関連の記事が頻出するのは、物部守屋の滅亡は、仏教興隆を妨げたことによる自業自得の結果であることを示そうとするためでもあるでしょう。

『書紀』の崇峻即位前紀に見える馬子と守屋の合戦譚において重要なことは、太子は華々しい活躍をしていないことです。まず、用明天皇が用明二年（五八七）四月に亡くなると、七月には馬子がもろもろの皇子たちと群臣たち、つまり、泊瀬部《はつせべ》皇子・竹田皇子・厩戸皇子・難波皇子・春日皇子、そして紀男麻呂宿禰《きのおまろのすくね》・巨勢臣比良夫《こせのおみひらふ》・膳　臣賀拕夫《かしわでのおみかたぶ》・葛城　臣烏那羅《かつらぎのおみおなら》らとともに軍勢を率い、大伴　連嚙《おおとものむらじくい》・阿倍臣人《あべのおみひと》・平群臣神手《へぐりのおみかみて》・坂本　臣糠手《さかもとのおみあらて》・春日臣《かすがのおみ》らも別の経路で守屋の本拠地に向かって戦い始めます。厩戸皇子は、この時、十四歳。十代半ばの少年がする「ひさごの花」の形に髪を結い、「軍《いくさ》の後に随えり」と記されています。

すなわち、皇子たちの中で三番目に記されていることが示すように、天皇候補の皇子の一人、しかもまだ少年の身であって、軍勢の後ろに付き従っていたにすぎないのです。後世の神話化された太子伝のように、先頭に立って奮戦し、守屋を射殺したなどとされているのではありません。

合戦では、守屋の軍勢は強かったのに対して、厩戸皇子と馬子の側は劣勢であったとされ、

「皇子等の軍と群臣の衆とは、怯弱にして恐怖し、三たび却還す」と記されており、そこで太子が白膠木《ぬりで》を切り取って四天王像を造り、髪に置いたうえで造寺を誓って戦勝を祈願したら勝った、という話になっています。「怯弱にして」の部分は、古訓に基づく訓では「怯弱《よわ》く」と読み、「却還」については「却還《しりぞ》く」と訓まれています。

こうした訓み方にしてしまうと分かりませんが、実はこの前後は誓願以外の部分も仏典の表現に基づいている個所が目立ちます。仏の前生譚を含む様々な話を集め、東アジア諸国で広く読まれた『撰集百縁経《せんじゅうひゃくえんきょう》』のうち、「仏説法度二王出家縁」には、「時に彼の二王、各の兵衆を集め、便《すなわ》ち戦撃せんと欲す。一は則ち怯弱《こにゃく》にして、甚だ大いに惶怖《おうふ》し、退きて仏の所に詣《いた》る」（大正四・二〇七上）とあります。二人の王が兵を集めて戦おうとしたところ、片方の軍隊は「怯弱（臆病）」であって、「惶怖し（ひどくおびえ）」、「退」いて仏のおられる所に逃げこんだ、というのです。

固有の文字が無く、戦闘場面を文章にして描く伝統がなかった日本、つまり、『平家物語』も『太平記』もまだ無かった古代の日本では、戦いの様子を文字で表記しようとすれば、『史記』『漢書』など中国の書物の戦闘場面を利用するか、仏教経典に見える戦闘場面の表現を使うしかなかったでしょう。しかも、『書紀』以前の中国の古典や史書には「怯弱」の語は見えないのに対し、仏典ではこの語は、「劣った」の意のリーナ（līna）、アヴァリーナ（avalīna）、その他の梵語の訳語として大量に用いられています。

右の経典によれば、劣勢であった方の国王が仏のおられる所まで逃げていくと、仏がすべては無常であることを偈の形で述べたため、その国王は出家します。それを聞いた敵国の王も、仏のもとにやって来て説法を聴聞し、本国に帰って仏と弟子たちを招いて供養しますが、その際、「この功徳によって、私は未来世において人々を救い、その拠り所となろう」と「大誓願」を発したところ、仏は微笑み、この国王は将来、仏になるだろうと預言したとあります。

『書紀』における戦勝を願っての誓願とは、内容がまったく異なっていますが、話の要素としては「怯弱」、「恐怖」「退」、誓願などの点が共通していることが注目されます。『書紀』のこの記述は、この経典に直接よったものではないにせよ、これと似たような仏教経典の記述を利用した可能性が高いでしょう。

ここで、『書紀』におけるその誓願の部分を見ておきます。まず、軍勢が劣勢で三たび退くと、軍の後に随行していた太子は、「このままでは敗れるのではなかろうか。誓願によらなければ勝利は達成しがたいだろう」と考え、白膠木《ぬりで》を切り取って、あっという間に四天王像の姿に作って髪に置き、「もし私に敵に勝たせていただければ、必ず護世の四王の奉為《おんため》に寺塔を建てましょう」と誓願します。すると、馬子も、「もし諸天王、大神王等が、私を助け守って利益を得させてくだされば、諸天と大神王の奉為に寺塔を立て、三宝を流通しましょう」と誓願しました。すると、迹見首赤檮《とみのおびといちい》が、木の上から盛んに矢を射ていた守屋を射落とし、守屋とその子たちを殺したため、守屋の軍勢は「自《おの》ずから敗れ」ます。その後、厩戸皇子は摂津に四天王寺を造り、守屋の奴の半分と邸宅を分けて「大寺の奴《やつこ》・田荘《たどころ》」とし、一万頃《いちまんしろ》の田を迹見首赤檮に与え、馬子大臣も本願のまま飛鳥に法興寺を建てた、と記されています。四天王寺のことを唐突に「大寺」と呼んでいるため、この部分は四天王寺側の記録に基づいて記されていることが知られます。「自ずから敗る（自敗）」の語は、「憲法十七条」との関係が重要であるため、「憲法十七条」のところで触れます。

さて、二人の誓願は、奇妙なものです。戦闘に当たってまず頼るべき対象は、武神である四天王でしょう。皇子としては三番目でしかない年少の厩戸皇子が先に四天王の擁護を願い、大臣として権力を有していた馬子が四天王以外の神々の擁護を願うというのは不自然すぎます。寺塔の建立を誓って戦勝を願うのであれば、まず四天王に呼びかけるか、四天王とそれ以外の仏教擁護の神々に呼びかけるかのいずれかでしょう。つまり、二人の誓願は、一つの誓願を二つに分けて記したように見えるのです。

戦闘にあたって、仏教信者が仏教の神々に戦勝を願ったり自分自身の無事を願ったりするのは不思議でなく、軍勢の士気を高めるため、戦勝を願う大がかりな儀礼を行なうのは古今の通例です。また、『書紀』の誓願の例を見ると、天皇が重病になったりした時に、造寺・造塔・造仏などを誓って大勢で誓願する場合が目立ちます。奈良末から平安初期にかけて作成された『日本霊異記』でも、戦争などで危険になった場合、寺塔や仏像の建立を誓って個人ないし集団で無事を祈願している例が複数見られます。このことから考えると、馬子と守屋の合戦の前か途中で、馬子が主導して四天王および仏教系の守護してくれる天（神）たちの加護を願って造寺を誓う誓願がなされ、皇子たちや豪族たちのうちで仏教を奉ずる者たちもそれに参加したというあたりが実際のところではないでしょうか。それを太子中心にしたうえで劇的に描き、自らの寺の縁起譚とした四天王寺の資料を、『書紀』がさらに脚色したのではないかと思われるのです。

なお、豊浦寺の西側に位置する和田廃寺は、葛木寺《かつらぎでら》と推定されており、物部守屋との戦いに加わっていた葛城臣烏那羅によって建立された寺と推定されてきました。その和田廃寺からは豊浦寺の創建時の瓦と同笵のものが発見されています。ちなみに、この烏那羅は、伊予温湯碑文に「上宮聖徳皇子」と共に湯岡を訪れた「葛城臣」と推定されている人物の一人です。

先に瓦の移動に関する考古学の研究成果を紹介したように、守屋との合戦の後に最初に建立された本格寺院は、馬子の飛鳥寺であり、続いて推古天皇の豊浦宮を寺に改め、僧の寺である飛鳥寺と対をなす尼寺の豊浦寺、その次が太子の法隆寺、次が蘇我氏一族の寺や蘇我氏と関係深い氏族、とりわけ渡来系氏族の寺でした。『書紀』によれば、厩戸皇子は守屋の奴の半分と邸宅を分けて「大寺（四天王寺）の奴・田荘」としたとありますが、法隆寺にも「奴婢」がいたことが奈良時代の記録に残っています。その中には、守屋の奴婢の子孫も含まれていたでしょう。ただ、法隆寺には四天王を強調した伝承は残されていません。

ここで、戦闘場面について補足説明をしておきましょう。まず、厩戸皇子が白膠木の木を切り取って四天王像を彫ったとされる部分です。白膠木は中国の主要な文献には見えず、仏典では密教経典に、護摩《ごま》を焚くのに用いる木の一つとして儀礼を行う際に用いるものとして登場しますが、『書紀』以後の訳経です。おそらく、早くから密教系の儀礼で用いられていたのでしょう。その四天王の像を「頭髪に置き（置於頭髪）」誓願したとありますが、この「於」は四字句にするために加えたものであって、仏典特有の表記法です。また、像を髪に置くことは、『書紀』以後の唐代の訳である『陀羅尼集経《だらにじっきょう》』に見えています。遠く旅する場合など、守護神である摩利支天《まりしてん》の像を金・銀・赤銅・白檀・赤檀などで作り、僧侶であれば袈裟のうちに包み、在家信者であれば「頭髻《ずけい》中に像を蔵著」（大正十八・八七〇中）するとあります。つまり、髪をたばねた髻の中におさめておき、身から離さないというのであって、いわばお守りです。そうしたお守りを日頃から、あるいは出陣にあたって身につけていたというならともかく、切迫した戦場で白膠木の木を切り取って素早く彫るなどというのは無理な話です。この辺りは、寺院の由来話として語られて信者をはらはらさせた合戦譚のようなものと見るほかありません。

そうした推測を裏付ける事実があります。それは、『書紀』では、守屋合戦の後、厩戸皇子が四天王寺、馬子が飛鳥寺を建てたという記述に続いて、守屋側の勇ましい侍者である鳥部《とりべの》万《よろず》の奮戦とその死骸を守った白い犬の忠犬ぶりを描いており、戦いに敗れた万について、「衣裳弊し、形色憔悴」していたと述べていることです。古訓に基づく訓読では、「衣裳弊《きものや》れ垢《あか》つき、形色憔悴《かおかし》けて」となっています。着物が汚れてぼろぼろになり、顔色もやつれていたというのです。これは実は、『法華経』信解品《しんげほん》のうちの有名な窮子《ぐうじ》の譬喩の部分を利用したものです。

信解品では、家を出て諸国を放浪し、乞食のようになった自分の子供に近づくため、長者は下男のうちの「形色憔悴《ぎょうじきしょうすい》」した者を二人派遣し、自らも豪華な服や宝石の飾りなどを脱ぎ捨て、汚れて脂じみた「弊垢膩《へいくに》の衣」（大正九・一七上）を着て息子に近づいたと記されています。厩戸皇子が関わった戦闘の場面がこうした仏教の語彙を用いて記されているのです。万の奮戦や白い犬の話などは、仏教導入の是非をめぐる戦いとされている守屋合戦の意義とは関係ないものですので、こうした詳細な記述があるということは、戦記が喜ばれ、寺院などで語られていたことを示すものでしょう。『書記』はそうした材料を使っているのです。

古訓は貴重な日本語資料であり、『書紀』がどのように読まれていたかを知るうえで重要です。このため、これまではできるだけ古い訓み方を復原することに力が注がれてきましたが、『書紀』の記事の出典や執筆者などを考える場合は、古訓はかえって妨げとなる場合があるのです。この信解品の利用を筆者が発見したのは今年になってのことです。『書紀』については、江戸時代以来、多くの研究者の地道な努力によって出典が解明され、理解が進んできましたが、実際には正確に読めていない個所がまだ多く残されており、とりわけ、仏教関連の記述の解明が遅れているのが実状です。聖徳太子の場合、仏教関連記述が多いのですから、これは深刻な事態です。日本や台湾の仏典電子化作業によって、仏教系の出典と語法の検索が可能になった現在、ようやく新しい研究段階に入りつつあると言って良いでしょう。

（六）　結婚

太子については、四人の妃がいたことが知られています。いずれも結婚の時期は不明であって、『書紀』が記しているのは、敏達天皇と推古皇后の間に生まれた菟道貝鮹皇女《うじかいだこのひめみこ》との結婚のみです。菟道貝鮹皇女については、どの資料も子の名を記しておらず、子はいなかった可能性が高いようです。『書紀』の記述を見る限りでは、太子よりも、穴穂部皇子《あなほべのみこ》、泊瀬部皇子《はつせべ》（崇《す》峻《しゅん》天皇）、竹田皇子などの方が格上として描かれているため、菟道貝鮹皇女と太子の結婚は、穴穂部皇子と泊瀬部皇子が亡くなり、太子が有力な天皇後継者として浮かび上がってきてからのことかもしれません。当時の天皇は直系相続でなく、亡くなった天皇と同世代の皇子たちが母親の身分を考慮しつつも主に年齢順に次々に即位していき、一段落すると、次の世代の皇子が即位する場合が多く、太子は何番目かの候補にすぎなかったのです。

菟道貝鮹皇女以外は、『上宮法皇帝説』の記述によるほかありませんが、妃と子供については、『帝説』の記述を疑う研究者はほとんどいません。まず、蘇我馬子の娘である刀自古郎女《とじこのいらつめ》との間には、山背大兄、財王《たからのみこ》、日置王《ひおきのみこ》、片岡女王《かたおかのひめみこ》の四人が生まれたとされます。そして、太子と関わりが深かった膳部加多夫古《かしわでべのかたぶこ》の娘、菩岐々美郎女《ほききみのいらつめ》（膳大郎女）との間には、舂米女《つきしねの》王、長谷《はせ》王、久波太《くはた》女王、波止利《はとり》女王、三枝《さいぐさ》王、伊止志古《いとしこ》王、麻呂古《まろこ》王、馬屋古《うまやこ》女王が生まれます。この春米女王は、後に異母兄である山背大兄と結婚し、四男二女を生んでいます。

こうした結婚相手の親のうち、推古天皇は即位して仏教興隆につとめた天皇、馬子はもちろん仏教興隆の立役者となった大臣、膳部加多夫古は守屋合戦の際、馬子・太子側に立って戦った人物です。太子は、そうした人たちの娘を娶っているのです。『法王帝説』は皇女、そして身分が高くて子供が生まれた妃だけを記していますので、これ以外に后や妃より下位の妻妾がいた可能性もあります。

最後に、菟道貝鮹皇女が亡くなってからのことと推測されますが、敏達天皇と推古皇后の間に生まれた尾張（治）皇子の娘、位奈部橘王《いなぶのたちばなのみこ》と結婚し、白髪部王と手嶋女王が生まれています。この位奈部橘王が、天寿国繍帳銘に登場する多至波奈大郎女《たちばなのおおいらつめ》（橘大郎女）です。この結婚は、太子の叔母であり義母でもあった推古天皇が、娘の菟道貝鮹皇女が亡くなった後に、太子との結びつきを確保し続けるために認めたものであったと思われます。

以上のように、太子の結婚相手は、膳部氏の娘である菩岐々美郎女を除けば、皇女二人と蘇我馬子の娘でした。しかも、その二人の皇女は、蘇我氏の血が入った推古天皇の娘と孫であって、蘇我氏の影が濃く、狭い血族範囲の中の結婚です。言い換えれば、すべて政略結婚の性格を帯びています。ただ、太子だけのことではありません。蘇我馬子の娘である刀自古郎女と太子との間に生まれ、太子の後継ぎとなった山背大兄も、膳部氏の菩岐々美郎女と太子の間に生まれた春米女王《つきしねのひめみこ》を妻としており、ここでも異母兄・異母妹同士が結婚しています。

推古天皇にしても、同母兄の子である太子に自らの娘と孫娘を娶らせる一方で、夫である敏達天皇と他の妃との間に生まれた天皇後継候補である押坂彦人皇子に、娘の小墾田《おわりだ》皇女と桜井弓張皇女を娶らせ、その押坂彦人皇子の子である田村皇子（後の舒明天皇）に娘の田眼皇女を娶らせています。身分の釣り合い、また家産の分割を防ぐなどの理由によるのでしょうが、太子自身を含めたこの時期の皇族、および太子の家族は、非常に近い近親結婚をしていることに注意する必要があります。

なお、菩岐々美郎女と多至波奈大郎女については、太子の病気と没後の部分、すなわち、金堂釈迦三尊像と天寿国繡帳を論じるところで取り上げます。

右に述べた太子の妻と子供たちは、斑鳩で暮らしておりました。上宮王家は、蘇我入鹿によって滅亡させられますが、それは斑鳩宮に住んでいた太子の長男である山背大兄とその妻である春米女王、そしてこの二人の子供や他の妻などだけであって、他の者たちは巻き込まれていません。とはいえ、以後、政治の中枢で活躍した者はおらず、太子の子孫は次第に歴史の中に埋没してゆきます。

第三章　蘇我馬子との共同執政と仏教興隆

（一）　立太子記事の検証

馬子と守屋の合戦の後に即位した崇峻《すしゅん》天皇については、不明な点が少なくありません。『書紀』は、群臣たちが、敏達《びだつ》天皇の皇后であった豊御食炊屋姫《とよみけかしきやひめ》を天皇に推挙し、十二月に豊浦宮《とよらのみや》で即位したと記すのみです。その豊御食炊屋姫、つまり推古天皇が崇峻天皇暗殺に強く反対していたのであれば、崇峻天皇を暗殺させた馬子たちに擁立されて即位することは考えがたいでしょう。

興味深いのは、『書紀』では天皇後継者をめぐる守屋と馬子の対立を、仏教受容をめぐる対立として描いておりながら、その戦いの後で即位した崇峻天皇については、仏教を積極的に推し進めたとする記述が見られないことです。崇峻紀では、仏教関連記事が目立つものの、それらは百済への尼の派遣や法興寺建立の開始などであって、馬子が推し進めたと明記されているものばかりです。これは、蘇我氏系の史料に基づいて書かれたためではあるでしょうが、少なくとも『書紀』は崇峻天皇を仏教に熱心な人物として描いていないことになります。言い換えれば、その崇峻天皇が殺害された後に即位した推古天皇のことを、初めて仏法興隆に努めた天皇とみなし、聖徳太子を推古天皇の意を体して馬子とともに活躍して仏教を盛んにした皇太子として描くのです。

ただ問題になるのは、推古元年（五九三）では、夏四月に厩戸豊聡耳皇子《うまやとのとよとみみのみこ》を皇太子として立てたとして、太子にまつわる奇跡や優秀さを礼賛する記述がつらねられているものの、大臣については任命記事がないことです。官人による職務分掌が進んでいなかった律令制以前の日本では、外交、軍事、技術その他を得意とする氏族がそうした部門を担当しており、天皇の代替わりごとにその氏族の長である群臣たちを大臣・連《むらじ》その他の位に任命し直し、これまで同様、それぞれの職務に当たるよう命じるのが通例でした。この時期の王統の祖である継体天皇以来、不明な点が多い安閑天皇と宣化天皇、そして欽明天皇・敏達天皇・用明天皇・崇峻天皇までは、即位記事の直後に、「誰々を大連とし、誰々を大臣とす」といった記述が必ず付されています。

すぐに暗殺される崇峻天皇でさえ、即位記事に続けて、馬子をこれまでのように大臣に任じ、他の群臣たちについてもそれ以前と同じ位とした、とする記事があります。ところが、推古紀では馬子の活躍を盛んに記しているものの、崇峻天皇が「大臣馬子宿禰《すくね》の為に殺さる」と明記した部分に続く推古天皇の即位記事にはその任命記事がないのです。推古天皇の次の舒明《じょめい》天皇の即位記事にも大臣任命記事はありませんが、大臣の蘇我蝦夷と群臣が田村皇子を重ねて推挙した結果、舒明天皇として即位したことが記されており、蝦夷が元通り大臣に任命されたであろうことが推測される書き方になっています。

皇極天皇・孝徳天皇ではまた大臣任命記事が復活しますが、次の斉明天皇についてはそうした記事がなく、即位前から皇太子である中大兄皇子《なかのおおえのみこ》（天智天皇）が政治を動かしていたように描かれています。また、その中大兄が天智天皇として即位した際は、誰々大臣の娘を妃としたという変則的な形で大臣名が列されています。こうした流れを見ると、推古天皇と斉明天皇の場合は、共に女性天皇であって皇太子がきわめて重視されているという共通点があることが分かります。聖徳太子と中大兄、すなわち皇太子時代の天智天皇とは似た性格の存在として描かれているのです。

したがって、推古天皇の即位記事については、蘇我馬子大臣を筆頭とする群臣たちの天皇推挙と、即位に際しての大臣などの任命記事があるべきところが、崇峻天皇を暗殺した馬子に推挙されて即位したとか、その馬子を元通り信任して大臣としたとも書きにくいため、皇太子となった厩戸豊聡耳皇子の礼賛記事で置き換えたとも考えられます。『書紀』は馬子を悪人として描くようなことはしていませんが、馬子が主導した事蹟や太子が馬子と共同で進めた事蹟を、太子に重点を置いて描く傾向は認められます。

ただ、これは太子礼賛のさまたげになる可能性もあります。というのは、『書紀』では馬子が崇峻天皇を殺させたとはっきり書いているのですから、そうした人間と一緒に政治をし、善悪を記録して後世の鑑とすべき歴史書をともに編纂したなどと書くと、太子は儒教の聖人とは言えなくなるからです。実際、江戸時代に儒者から厳しい批判を受けたことは本書の冒頭で記したとおりです。『書紀』が太子を儒教の聖人として描こうとしたのであれば、太子はまだ若い身でありながら馬子を叱責したとか、太子が皇太子になると馬子は退けられ、太子が亡くなるとまた馬子が表舞台に出てきたなどと書くこともできたはずです。そうなっていないのは、『書紀』は太子が聖人であることを強調した先行文献を切り貼りしているだけであって、完全に統一したイメージで描ききるに至っていないことを示すものではないでしょうか。

実際、推古十八年あたりからは、馬子はしばしば登場する一方、太子に触れる記事は激減します。『書紀』は、推古二年（五九四）から二十八年（六二〇）までの記事では、太子の呼称をすべて「皇太子」としてそれ以外の名を用いないことが示すように、元の資料に手を入れて統一しているのですから、捏造しようと思えば、太子が没するまで一貫して太子の業績を強調して描くこともできたはずです。そうなっていないのは、推古紀は太子が聖人であることを異様なまでに強調しているものの、馬子が主導した様々な事蹟をすべて太子の業績として書き換える意図はなかったためであるように思われます。太子がやるべき事柄を馬子が横暴にも横取りしたと言いたいために馬子の活動を強調したにしては、晩年の馬子は賞賛されすぎています。これは、『書紀』が蘇我氏系統の資料を利用したためだけではないでしょう。なお、蘇我氏については、蝦夷《えみし》・入鹿《いるか》の本宗家が滅亡した後も、何人もが朝廷で有力な高官となって活躍していましたので、彼らに配慮する必要があったかもしれません。彼らにとって、稲目・馬子は、誇るべき氏の祖でした。

さて、崇峻天皇暗殺の件で注目されるのは、守屋合戦の前に、守屋が天皇として立てようとしていた穴穂部皇子《あなほべのみこ》を馬子が配下の者たちに殺させる際、「蘇我馬子宿禰《すくね》等、炊屋姫尊《かしきやひめのみこと》（後の推古天皇）を奉じ、……穴穂部皇子《あなほべのみこ》と宅部皇子《やかべのみこ》とを誅殺《ちゅうさつ》せよと詔せしむ」とあることです。前の天皇（用明天皇）が亡くなって、次の天皇が決まっていない時期ですので、前の前の天皇（敏達天皇）の皇后であった炊屋姫に「詔」を発せさせたというのです。敏達天皇没後は、皇后の炊屋姫が全権を握っており、馬子が勧めたとはいえ、穴穂部皇子の殺害を認めて命令を発したという形になっています。

その穴穂部皇子は、欽明天皇と蘇我稲目の娘である小姉君《おあねぎみ》の間に生まれており、兄弟は穴穂部間人皇女《はしひとのひめみこ》と崇峻天皇です。間人皇女は太子の母親ですし、崇峻天皇は後に炊屋姫と馬子の推挙によって即位し、まもなく馬子によって暗殺され、炊屋姫が即位して推古天皇となります。しかも、炊屋姫は、欽明天皇と蘇我稲目の娘である堅塩媛《きたしひめ》の間に生まれており、兄は用明天皇です。すなわち、この前後の時期は、皇子や皇女たちは近い間柄で結婚し、一方では天皇の位をめぐってすさまじい同族殺しがおこなわれていたのです。

そうした中で即位した崇峻天皇については、「炊屋姫命と群臣と、（崇峻）天皇を勧進して天皇の位に即《つ》かしむ」とあるように、推古天皇と群臣たちが天皇に推挙したと記されており、馬子の名が見えないことが注目されます。群臣の筆頭は馬子なのですから、馬子も当然含まれるわけですが、名前を出さない以上、馬子が積極的であったことを強調しようとはしていない可能性もあります。崇峻天皇は蘇我稲目の娘である小姉君の子ですから、蘇我系ということになります。そうであるのに、馬子が積極的に支持しなかったとなれば、理由は、崇峻天皇が元年春三月（五八八）に大伴《おおともの》糠手《あらての》連《むらじ》の娘、小手子《こてこ》を妃としたことが示すように、大伴氏と関係が深く、馬子の娘と結婚していなかったためでしょうか。

その崇峻天皇暗殺事件を十九歳の太子がどう見ていたかについては、判断する史料がありません。太子の作と記されている「憲法十七条」にしても、そこで憂慮されているのは、群臣たちの争い、とりわけ守屋合戦のような天皇選定をめぐる争いであって、崇峻天皇事件を特に考慮したと思われる規定はないようです。第三条では、地である臣下が天である君主をくつがえそうとすれば「則ち壊を致さん（破滅をもたらすだろう）」とありますが、崇峻天皇を殺した馬子は栄え続けているのですから、当時は、敏達天皇の皇后である炊屋姫（推古天皇）を真の君と見て、その意向に従って天皇らしからぬ者を排除した、という解釈をとっていたと考えるほかありません。

推古元年（五九三）四月の厩戸皇子の立太子と礼賛の記事を検討する前に、用明元年（五八八）正月の記事を見ておきましょう。

厩戸皇子……豊御食炊屋姫天皇の世に、位、東宮に居る。万機を総摂し、天皇の事を行なう。語《こと》、豊御食炊屋姫天皇の紀に見ゆ。

推古天皇の代に皇太子となり、様々な国政をすべて統括し、天皇がなすべき事柄を行った、その事蹟は、推古紀に見えている、というのです。つまり、天皇に代わって政治をおこなったとあるのみで、「大臣の蘇我馬子とともに」といった説明はなく、実態を反映していません。「東宮」はむろん、皇太子を指す律令制以後の用語です。

ただし、推古天皇の即位と同時であったかどうかはともかく、太子が天皇に準ずる位置にあったことは間違いありません。それを示すのは、太子の長男が「山背《やきしろの》大兄《おおえ》」と呼ばれ、きわめて有力な天皇候補とされていることです。「大兄」はもともとは天皇や有力氏族の長男を指す語であったようですが、六世紀から七世紀半ばにかけては後継候補として天皇を補佐する存在であり、山背大兄をのぞいては、すべて天皇の皇子に限られています。山背大兄の場合は、皇族全体ではなく、上宮王家における大兄ということなのでしょうが、いずれにしても、この前後の時期に大兄と呼ばれていて皇子でないのは山背大兄だけということは、注意しておく必要があるでしょう。

なお、右の記事では、「語《こと》」は推古紀に見えるとありますが、これは太子の言葉は推古紀に収録されているということでなく、太子に関する詳しい事は推古紀に載っているということです。つまり、「語《こと》」と「事《こと》」が同音である日本語ならでは表現なのであって、日本風な変格漢文なのです。仁賢天皇五年（四九二）条には、「佐伯部仲子《さえきべのなかこ》、事は弘計天皇《おけのすめらみこと》紀に見ゆ」となっているのと同じ用法です。

一方、これと対応する内容になっている推古元年四月の太子礼賛記事は、ここだけ古訓にしたがって記すと、こうなっています。

厩戸豊聡耳皇子を立てて皇太子と為す。仍《よ》りて録摂政《まつりごとをふさねつかさど》らしめ、万機を以て悉《ことごと》く委ぬ。

「録摂政」という表現は中国の古典には見えず、難解ですが、日本古典文学全集本によれば、「録」は「総《す》べる」の意で古訓はフサネ、「摂」は代る意、とあり、「一切の政務を執らせ、国政をすべて委任された」と訳しています。いずれにせよ、代行して国政をとったという意味であり、「摂政」という位があってその位についたという意味でないことは通説になっています。

右の立太子記事については、皇太子制度が確立した律令制以後の潤色であることは言うまでもありません。そもそも、この年に天皇の代行をするような地位についたかどうかについても、疑う研究者が少なくないのです。皇太子に異様にこだわる『書紀』では、歴代天皇の即位記事の中に無理矢理、立太子記事を作文して載せていますが、推古天皇の場合、即位した頃は、敏達天皇との間の子であって、天皇後継者の第一候補であった竹田皇子がまだ生きていた可能性も指摘されています。また、「皇太子」が命じたとされる制度改革などの記事が急に増えるのは、推古九年（六〇一）の斑鳩宮建設の頃あたりからです。推古天皇が即位した頃、太子が何らかの地位について天皇を補佐する活動を始めた可能性はあるものの、斑鳩宮建設の時期から活動記事が目立ち始めるのは、推古天皇が即位してしばらくたち、有力な天皇後継者候補たちが亡くなったか、太子を第一の後継者とすることが確定してからのことである可能性はあります。

その太子礼賛記事に続く推古元年の記事は、秋九月に用明天皇を磯長《しなが》の陵に改葬したという記事と、「是の歳、始めて四天王寺を難波の荒陵《あらはか》に造る」とあるのみです。この記述は、月日が分からないため、元年の記事の末尾に付したという形ですが、史書では、年が分からない記録は、関連する記事の末尾に付して載せるのが通例です。

ただ、推古四年（五九六）の法興寺完成以前に四天王寺の造成を始めることは考えられないうえ、瓦の形式から見て、飛鳥寺→豊浦寺→法隆寺（若草伽藍）→四天王寺、という順序は定説として確定しています。四天王寺については、移転したという伝承がありますので、この時期に寺塔建立の儀礼を行なって木材などの準備を始めた程度ならありえないこともないですが、難波の地の中で移転したのであれば、瓦などは再利用するでしょう。そうした痕跡を示す遺物などが出てこない限りは、推古紀のこの記述は、「厩戸皇子は、守屋合戦に勝利した後、推古天皇の世に四天王寺を建立した」という伝承を、「推古天皇が即位してすぐに」と解釈し、立太子記事や厩戸説話などの後に付しておいたものと見ておくべきでしょう。

（二）三宝興隆の詔

推古朝で重要なのは、推古二年（五八九）二月に発せられた「三宝興隆の詔」です。太子はこの時、二十一歳。

皇太子及び大臣に詔《みことのり》して三宝を興隆せしむ。是の時に、諸の臣《おみ》・連《むらじ》等は、各の君親の恩の為に、競って仏舎を造れり。即ち是れを寺と謂う。

つまり、天皇が皇太子・大臣に命じて仏教を盛んにさせたというのです。このうち、「即ち是れを〜と謂う（即是謂〜）」という表現は、『書紀』以前の主要な中国文献には見当たりません。仏教文献には僅かに用例が見られますが、一般的ではなく、『日本書紀』でもここが唯一の例です。

「三宝興隆の詔」については、推古天皇がそこまで積極的な仏教信仰を持っていたかどうか疑問とされがちであり、また多くの氏族がこの時期に競って寺の建立を始めたという記事については、疑う研究者が多いようです。しかし、中国仏教の状況と史書の筆法を考慮すれば、仏教流布の方針がこうした詔の形で示されるのは不思議ではありません。

実際、数多くの碑文が残る南北朝期の北地の碑文では、寺を建立したり仏像を造立したりする際は、まず「皇帝の為」ということを強調して長寿を祈り、その後で自らの亡き父母や先祖の往生を願うことが多いのです。「三宝興隆の詔」については、推古天皇の「奉為《おんため》」を祈る仏教を盛んにしたいという申し出が馬子からなされ、それを推古天皇が認めたということでしょう。ただ、それを史書の書き方で描く場合は、「推古天皇が命じて～させた」という形になるのです。また、大臣であって義父でもあった馬子の方が太子よりはるかに勢力があっても、太子はここでは皇太子とされている以上、『書紀』が「皇太子及び大臣」という順序で記するのは当然でしょう。

むろん、立太子それ自体が疑われているうえ、この時期に太子が三宝興隆を推し進めるだけの勢力があったかどうか疑わしいとする研究者は少なくありません。ただ、推古天皇の場合は初の女性天皇である以上、それまでの天皇より制約が多かったでしょうから、日頃の様々な職務のかなりの部分を大臣や有力な皇子が行なうことはありえます。この三宝興隆の主体は馬子でしょうが、よく知られているように、馬子が建立した寺が法興寺、太子が建立した寺が法隆寺であって、「興隆三宝」の「興」の字と「隆」の字を分け合っていることは見逃せません。仏教にうちこんでいた太子が、こうした奉仏事業に熱心に取り組み、次第に発言力を増していったことは事実と思われます。

なお、「君親の恩の為に」というのは、単なる報恩ではありません。「恩」は古代日本では「おかげ」であり、パワーを意味しました。君主や父母などに対して造寺の功徳をふり向ければ、彼らの「恩」が増幅された形で自分に及んでくることになります。つまり、三宝興隆の詔は、造寺造仏によって君親に功徳を回向し、そうしてパワーアップした君親（生きているかどうかは無関係）の「おかげ」を蒙って栄えるよう命じたに等しいのです。

高麗の『三国異事』では、阿莘王《あしん》（在位三九二〜四〇五）の代に「教（詔）を下し、仏法を崇信して福（功徳）を求め」させたのが百済仏教の初めと述べています（大正四九・九八六上）。中国南朝から伝わってきた仏教を受容した百済において、「仏教を尊信してそれぞれ功徳を求めよ」と国王が命じて仏教が広まった、という伝承があることが注目されます。この記述は、推古紀の「三宝興隆の詔」の記述の内容と一致するものです。

そうした形での仏教振興が公認されれば、天皇の宮のすぐ近くに建立中であった飛鳥寺は、天皇の「奉為《おんため》」の寺の模範として位置づけられることになります。つまり、飛鳥寺は蘇我氏の大寺ですが、仏教担当者として天皇の「奉為」を願う寺の代表であるため、その巨大な寺での大がかりな仏教儀礼に加わったり造寺造仏を誓ったりすることは、天皇への忠誠を示すと同時に、蘇我系の天皇を擁する馬子の路線に従うことを示す行為にほかならないことになるのです。

諸々の氏族が競って寺を造ったというのは、むろん、同じ類の事柄を一個所にまとめて記す史書の筆法です。ただ、邸宅の一部を仏堂に改造して小さな仏像を祀る氏族が続出したといった程度であれば、詔からさほどたたない時期でも可能でしょう。小笠原好彦氏は、寺院の遺跡の塔基壇の周辺から、寺院に先行する掘立柱建物群の跡が発掘される場合が少なくないことから見て、捨宅寺院が多かったことを推測しています。日本で二番目に建立された大がかりな豊浦寺にしても、推古天皇の豊浦宮を壊して建設されたものであり、その後身である現在の向原寺で発掘された豊浦寺の遺跡の下からは、掘立柱の建物の跡が出ています。

当時の寺については、古墳を受け継ぐ先祖崇拝の氏寺であったとし、そうした氏寺を柱とする氏族仏教が次第に国家仏教へと変わっていったと説く研究者もいますが、当時は、大がかりな造寺造仏の技術を蘇我氏が独占し、仏教を利用した中央集権化をはかっていた時代です。有力氏族たちが、もっぱら先祖供養を主とする氏寺を建てていたなどと考えるのは、葬式や法事を主とする現代の日本仏教の状況を古代に反映させた見方にすぎません。

以上のことから見て、三宝興隆の詔が出されると、「君親の恩の為に」競って寺を建てたという記述は、文飾はあるものの、史実を反映していると判断できます。

（三）　慧慈・恵聡の来朝と伊予湯岡碑文

推古紀の三年（五九五）五月条のうち、慧慈《えじ》が帰化し、この年に恵聡《えそう》も来たとする記述に問題のあることは先に述べた通りです。これと関わってくるのが、太子が伊予の温泉郡の温泉に出かけた際の碑文とされるものです。『釈日本紀《しゃくにほんぎ》』が引用する『伊予国風土記』の佚文によれば、この温泉を訪れた天皇を列挙する際、太子を天皇扱いし、「上宮聖徳皇子」がこの地を訪れ、湯岡《ゆのおか》の傍らに碑を立てたとして、その碑文を引いています。

その碑文は、まず序で、「我が法王大王」が「恵忩《えそう》法師及び葛城臣《かつらぎのおみ》」と「夷予《いよ》の村」に遊覧に出かけたところ、温泉の神秘的な素晴らしさに感嘆したため、その意を述べるとして、以下、碑文の本体として、六朝風な美文を気取ったぎこちない文章でこの温泉の素晴らしさをたたえ、傍らにそびえている椿の木とその美しい花や実、鳴く鳥などを描き、文章の下手さを謙遜して終わっています。

ここで注目されるのは、「恵忩」の部分が異本では「恵慈」となっていることです。この場合は、太子に付き従った僧は百済の恵聡ではなく、高句麗の慧慈ということになります。この碑文については、序に「法興六年」という不審な年号が見えることなどから、史学の方では偽作説が有力ですが、法興寺（飛鳥寺）の建立が開始された崇峻四年（五九一）を仮に法興元年としたのであって、推古天皇四年（五九六）に当たるとする説も早くからありました。また、北周の過酷な廃仏の後に隋を開いて即位した文帝が、「三宝紹隆」の命を出した開皇十一年（五九一）を指して年号扱いした、という説もあります。いずれにしても、「法興六年」は、太子二十三歳の時です。中国文献が日本文学に及ぼした影響に関する研究の第一人者であった小島憲之などは、文章の面からこの碑文を太子当時の作として認めていました。

また、温泉郡には法隆寺の庄（家屋と倉）があったことが指摘されています。『法隆寺伽藍縁起并流記資財帳』によれば、大和から河内・摂津・播磨・備後・讃岐、そして伊予という瀬戸内沿岸にかけて、法隆寺が領する田や庄（家屋・倉庫）その他が点在しており、伊予には庄が十四処、そのうち温泉郡には三処あったのです。この資財帳は奈良時代の作成ですので、温泉郡にいつ法隆寺領の庄ができたかは不明ですが、上宮王家が滅亡した後になって、法隆寺の所領や建物が各地に広がっていくことは考えにくく、実際、天武天皇の時は国家が支給する法隆寺の食封《じきふ》が停止されているため、太子から山背大兄の頃に、東国に上宮王家のための乳部《みぶ》（皇子を養育するための集団）が展開していくのと並行して、瀬戸内にも展開していった可能性があります。ただ、この碑文が作られた当時、伊予の温泉郡にそうした特別な施設があったとは考えられません。

問題なのは、この文章が難解であるため、正確に理解されないまま真偽の議論がなされていることです。碑文のうちで、「椿樹《ちんじゅ》、相《あ》い廕《おお》いて穹窿《きゅうりゅう》し、実《まこと》に五百の張れる蓋《きぬがさ》を想う（椿樹相幨而穹窿、実想五百之張蓋)」とあるのは、向かい合う椿が道の両側からひさしのように枝葉を張り出してアーチを形作っており、その様子は、まったく五百の日傘かと思わせるということです。これは、大島の椿のトンネルや足摺岬の椿のトンネルが有名なように、暖かい海沿いの地で巨大に成長する藪椿の様子を描いたものです。上原和氏は、伊豆の海辺で、高さ十数メートルもある野生の藪椿がからまりあってアーチをなしているのを見た経験から、古代の伊予には、そうした巨大な藪椿があったのだろうと推測しています。

また、五百の日傘というのは、これまでの太子研究では無視されていて引用されたことのない真流堅一氏の研究が指摘しているように、『維摩経』冒頭の「仏国品」に見える有名な譬喩であって、五百人の富裕な商人たちが釈尊を供養するためそれぞれ日傘を捧げると、釈尊がそれらの傘を神通力によって宇宙を覆うほどの一つの巨大な日傘に変え、十方世界の諸仏が美しい国土で説法する様子をその日傘のうちにあらわしだして見せた、という記述を踏まえています。『維摩経』は、在家の居士の菩薩が主人公となり、教化のために病気の姿を示す大乗経典であって、三経義疏が注釈している経典の一つであることは言うまでもありません。

ここで注目されるのは、碑文の序の「我が法王大王」という記述です。この「法王大王」といった表現については、まだ若い太子にはふさわしくないとする説が有力でした。ですが、真流氏も指摘していないものの、『維摩経』の上記の箇所のすぐ後の部分では、五百人の商人のうちの筆頭である宝積《ほうしゃく》が、偈によって釈尊をたたえ、こうした奇跡を起こした「法王の法力」

の素晴らしさ、「法王の説法」の素晴らしさを賛歎したうえで、「老病死」を救う「大医王」、「大聖法王」である釈尊に帰依すべきことを説いています（大正十四・五三七下）。

ヴァイシャーリーでの疫病流行を踏まえて作成された『維摩経』のそうした記述を考慮すれば、碑文の序が太子のことを「我が法王大王」と呼び、病をいやす温泉の神秘的な功徳をたたえ、そのほとりの巨大な椿がアーチをなして上空を覆っている様子を描いているのは、これを『維摩経』の奇跡に見立てたためであることが知られます。つまり、こうした奇跡のような椿のトンネルとなっているのは、釈尊のような「我が法王のおおきみ」の徳によるものなのだ、と称えていることになります。

なお、この温泉が世間で稀な温泉として序で賞賛され、碑文で「神井（不思議な泉）」と呼ばれてその「妙験（たえなる効果）」が強調され、「寿国」で「華台に随いて開合す」るのとどうして違うだろうと述べられているのは、間欠泉であったためと思われます。その噴き上がってはまたおさまる様子が、極楽浄土の池で蓮が伸びてつぼみが花開くとその中に往生人が入っていることを思わせるというのでしょう。しかも、病気を治し、若返りに効果があるとなれば、なおさらです。

碑文の場合は、序とその後の美文の作者は同じ人物であるのが通例であるため、この序と碑文本体を書いたのは、ある程度の教養と文章のつたなさから見て、おそらくは中国古典を学んでいるものの完璧な美文で書くことのできない僧侶、ないし、そうした経歴を持つ官人と思われます。

また、親しみをこめたこの「我が法王大王」という言い方は、百済の古寺である弥勒寺跡の調査中に発見された純金製の「舎利奉安記」に見える「我が百済王后」という表現と同じ語法であることが指摘されています。しかも、その舎利奉安記は、百済王后が己亥（六三九）正月二十九日に舎利をこの寺に供養する功徳によって、百済の「大王陛下」が長寿を保ち、「上弘《じょうぐ》正法《しょうぼう》、下化蒼生《げけそうせい》」されるよう願っていました。つまり、悟りの面では正しい仏法を広め、また世間については人々を教化されるよう願っていたのです。

仏教文献では、「上求菩提《じょうぐぼだい》、下化衆生《げけしゅじょう》」といった表現が一般的であり、「下化蒼生」という表現は、現存する主要な仏教文献においては、上宮王集とされる『維摩経義疏』にしか見えません。その典拠は、中国南朝の梁の三大法師と称された光宅寺法雲の『法華義記』、すなわち上宮王の『法華義疏』の種本である法雲の『法華義記』の「上《かみ》、仏道を弘め、下《しも》、蒼生を済《すく》う（上弘仏道……下済蒼生）」という箇所に基づくことが明らかになっています。つまり、湯岡碑文にしても三経義疏にしても、この時期の百済仏教と近い要素を持っているのです。

この湯岡碑文は難解とされ、誤写が疑われる部分も数カ所あります。そのうちの一つが「其の下を経過し、以て優遊すべし。豈《あ》に霄庭《しょうてい》に洪灌《こうかん》するを悟らんや（経過其下、可（以）優遊。豈悟洪灌霄庭）」という部分です。これは、「その下を通ってのんびり歩き回ることができるのだ。どうして霄庭に洪灌しても気づくだろうか」の意でしょう。「洪灌霄庭」の部分は特に難解とされ、福永光司は道教と結びつける強引な解釈をしていましたが、「洪灌」は多くの水があふれ流れること、「霄庭」は大空を指す美辞なのですから、椿のトンネルを考えれば容易に解釈できます。すなわち、このように巨大な椿が密生してアーチをなしている以上、その下のトンネルをのんびり歩み楽しむことができるのだ、大空に大雨が降ろうとどうして気がつくだろうか、いや、全く気がつかないだろう、という意味となります。

ここでは取り上げませんが、他にもこれまで正しく理解されていなかった個所がいくつもあり、また依然として不明な個所もあります。いずれにせよ、この碑文は、太子伝などに見える分かりやすい神格化や、寺の権益などのために作られた中世の太子関連の偽文書などとは様子が異なっているのです。

（四）斑鳩宮の建設

推古九年（六〇一）春二月条には、「皇太子、初めて宮室を斑鳩《いかるが》に興す」とあります。この年、太子二十八歳。これは建設の開始を意味するものであり、移り住むのは推古十三年（六〇五）十月です。この移住については、蘇我氏との政治抗争に敗れた太子が飛鳥から離れた斑鳩の地に隠遁したと見る説もありますが、これは、聖徳太子を天皇の絶対性を強調した皇族勢力の代表的人物とみなし、蘇我氏のことを天皇の権威をないがしろにする傲慢な臣下とみなす立場を前提とした主張です。つまり、『日本書紀』における蘇我氏のイメージ、とりわけ蝦夷《えみし》・入鹿《いるか》のイメージに基づく考えと見てよいものです。

『書紀』では、太子と馬子が対立していたことを明確に描いた個所はありませんし、『上宮法王帝説』のうち八世紀頃半ば頃までの成立とされる太子の事跡部分でも、「嶋の大臣」、すなわち、蘇我馬子と共に推古天皇の政治を助けたと記しており、両者が対立したとはみなしていません。そもそも、斑鳩は物部氏が領有していた土地と推測されており、難波から飛鳥に至る交通の要衝であって、難波に流れ込む大和川の水運を利用するうえでも重要な土地でした。蘇我氏にきわめて近い人物でなければ、そうした土地を得られたはずがありません。実際、この斑鳩宮建設・移住頃の時期こそ、推古朝における政治改革や外交が最も盛んだった時期です。

斑鳩宮は、北から西へ二十度傾いた方位で建設されています。若草伽藍もこれに近い方位です。さらに見逃せないのは、斑鳩から飛鳥の耳成山あたりまでを斜めの直線で結んだ道も、ほぼ同じ角度で建設されており、その一部が発掘されていることです。この道は、「太子道」とか「筋違道」と呼ばれており、太子が馬で飛鳥の宮との間を往復したという伝承が残されているものです。造成時期については諸説ありますが、斑鳩が重要な土地とみなされていない時期に、こうした幅の広い直線道路が斜めに作られることは考えにくいでしょう。

実際、推古二十一年（六一三）には、難波から飛鳥の都に至る「大道」を置いたとする記事があります。これは、完成ではなく着工を示すという説もあるうえ、どのルートを指すかについても諸説ありますが、近江俊秀氏は、現在の竹内街道を通る最南端のルートであったと推定し、距離が最も長く標高差が倍以上あるこのルートが選ばれた理由は、蘇我氏の河内の本拠を通っていたためとしか考えられないと述べています。有力な氏族が幹線道路を自らの本拠地に引き込む例としては、それ以前の葛城氏の紀路などが示すとおりです。斑鳩と飛鳥を結ぶ筋違道もそれと同じことが考えられます。太子道は斑鳩宮の造成と並行して作られたと推測する研究者もいます。

斑鳩の地には、斑鳩宮の他に、岡本宮、中宮、飽波葦垣宮が建設され、仁藤敦史氏の研究によれば、これら全体も斑鳩宮と総称されていました。そのうちの狭義の斑鳩宮には太子が住み、その死後は山背大兄と舂米女王の家族が住んでいたようです。『法華経』講義が行われたとされる岡本宮には、蘇我馬子の娘である刀自古郎女とその子供たちがおりました。これが後の法起寺です。現在の法隆寺である西院伽藍から東へ約五百メートルほど行った中宮には、皇族たちが住んでいました。つまり、母の穴穂部間人女王、妃の菟道貝鮹女王、そして後には橘大郎女とその子供たちです。これが後に中宮寺になり、やがて現在のように西院伽藍のすぐ傍に移りました。そして、西院伽藍から東南五百メートルほどの上宮《かみや》遺跡付近の飽波葦垣宮には、菩岐々美郎女とその子供たちが住み、この宮は泊瀬（長谷）王が継いで宮となりました。ここに立てられた寺が、現在の成福寺《じょうふくじ》跡です。

太子は、山を管理する職掌であってこの地の豪族であった山部氏と結びつき、多くの資材を手にしました。また、乳部《みぶ》（壬生）と称される皇子の養育用として与えられた集団と土地、屯倉《みやけ》と呼ばれる直轄地をあちこちに所有しており、次々に拡大させていたようです。太子の子供たちの名が、舂米部や長谷部や日置部といった部（私有民）の名、あるいは、服部・弓削・三島・難波・片岡・葛城・長谷など、河内・摂津・大和の地名にちなんでいるのは、物部氏の旧領を含め、上宮王家がいかに精力的に勢力を広げて様々な氏族や土地を傘下におさめていったかを示すものです。斑鳩宮では、膳部加多夫古《かしわでべのかたぶこ》や秦河勝《はたのかわかつ》など、家臣的な氏族らが奉仕して家政機関の役割をしていたほか、平群臣《へぐりのおみ》・葛城臣《かつらぎのおみ》・境部臣《さかいべのおみ》なども上宮王家と強いつながりを持っていました。

（五）新羅問題

親密であった百済と違い、新羅とは対立が続いていました。崇峻四年（五九一）には、任那《みまな》の復興を願う崇峻天皇の願いによって、新羅への遠征軍が筑紫に向けて出発します。崇峻天皇の暗殺事件もあったためか、結局海を渡ることはありませんでしたが、その際、大将軍となった紀男麻呂宿禰《きのおまろのすくね》、巨勢猿臣《こせのさるおみ》、大伴嚙連《おおとものくいのむらじ》、葛城烏奈良臣《かつらぎのおならのおみ》のうち、巨勢猿臣以外は守屋合戦で馬子の側に立って戦った豪族たちですし、巨勢猿臣についても、異本ではその時の一人であった巨勢臣比良夫《ひらふ》としています。

いずれにしても、百済仏教の受容と、新羅との対立は一連のものと言えましょう。推古八年（六〇〇）三月条でも、新羅と任那が戦ったため、天皇は任那を救おうとしたと記されています。

これは実は奇妙な記事です。また、この記事の末尾の「是歳」条に、境部臣を大将軍として新羅を攻めて屈服させ、新羅と任那が「調」を奉るようになったため、将軍たちを召しかえしたと記されています。資料に混乱があるようですが、推古九年（六〇一）二月に太子が斑鳩宮の建設を開始し始めたと記されたその翌月に、天皇の命により、大伴噛連を高句麗に、坂本臣糠手《ぬかで》を百済に派遣し、任那を救えと命じたとされたことが注目されます。これらの国を属国扱いした書き方です。斑鳩宮の規模は大きいため、太子がこの頃にはかなり力をつけていたことが推測されますが、その頃にこうした外交政策がとられているとなると、任那とされる地域から渡来した氏族を含め、多くの渡来系氏族を配下にし、百済や高麗と親しい関係にあったらしい馬子だけの決断でなく、太子も関与していたことが推測されます。

太子のこの前後の時期における外交観を考えるうえで重要なのは、推古九年（六〇一）十一月に「新羅を攻むることを議す」とあり、新羅征討が決定されていること、そして、翌年二月には太子の弟である来目皇子《くめのみこ》が、新羅征討の将軍に任じられて出発していることです。その来目皇子が筑紫で発病し、その翌年の推古十一年（六〇三）二月に亡くなると、四月には来目皇子の異母兄、つまりは太子にとっても異母兄弟である当摩皇子《たぎまのみこ》が、新羅征討の将軍に任じられます。しかし、この当摩皇子も、妻である舎人姫王《とねりのひめみこ》が播磨で病没したため、引き返してしまい、新羅攻撃は実現しませんでした。

推古紀では、来目皇子が亡くなると、悲しんだ推古天皇は、土師連猪手《はじのむらじいのて》を派遣して周芳《すわ》の娑婆《さば》（周防国佐波郡。現在の山口市徳地あたり）で殯《もがり》（埋葬までの間、種々の儀礼をなす期間）を司らせたとし、このため猪手の子孫を娑婆連《さばのむらじ》というのであって、後に河内の埴生山の岡の上に葬った、と述べています。土師氏は蘇我氏と関係が深く、葬送や墓の造営を担当するほか、時には戦闘にも加わる技術者集団です。この部分は、後に皇極天皇の母の喪を司って墓を造った娑婆連猪手の子孫たちが提出した資料に基づいているのでしょう。

土師氏については、藤井寺市の土師寺が氏寺とみなされています。この土師寺は、四天王寺式の伽藍配置であったと推定されており、近くに位置する船橋廃寺と同笵の瓦が出ています。船橋廃寺も、四天王寺式の伽藍配置であって、豊浦寺の創建期の瓦が出土しており、蘇我氏や上宮王家との関わりが推測される寺です。ともに土師氏の寺であったとすれば、当時の状況から見て、片方は尼寺の可能性が高いでしょう。

この創建期の瓦は衣縫《きぬぬい》廃寺の出土からも発見されていますが、衣縫廃寺は、蘇我氏が飛鳥寺を建立するために家を壊した百済系渡来氏族の飛鳥衣縫造《あすかのきぬぬいのみやっこ》が祖《おや》、樹葉《このは》と関係がある衣縫造のものと見られています。このように、初期の瓦葺きの寺は、すべて蘇我氏と関係の深い氏族のものに限られます。

なお、来目皇子の子孫は、上宮王家滅亡後も登美真人《とみのまひと》氏として続いていました。また、当摩皇子についても、用明元年（五八六）条では、後の「当摩公《たぎまのきみ》氏の先」と明記されているうえ、『姓氏録』でも、天武十三年（六八五）に真人の姓を賜って当摩真人となった当摩氏の祖と述べており、『書紀』編纂時には子孫が活動していたことになります。史書の常として、大げさに誉めたたえたり批判して描いたりすることはあったとしても、子孫が現存する太子の兄弟や異母兄弟に関して、まったくの捏造記事を大量に書くことは難しいでしょう。

ちなみに、当摩皇子と同様、用明天皇と葛城直磐村《かつらぎのあたいいわむら》の娘である広子《ひろこ》の間に生まれた酢香手《すかての》姫皇女《ひめみこ》は、用明天皇以来、三代にわたって伊勢で「日神」に仕えたと記されているため、推古朝には、太子を初めとする用明天皇の皇子・皇女たちが重要な役割を果たしていたことが知られます。太子が実際には国政に関与できない一皇族にすぎなかったのであれば、これら用明天皇の皇子や皇女たちに関する記事も、すべて『書紀』最終編纂時に捏造されたり大幅に書き換えられたりしたことになるでしょう。

さて、『書紀』では任那をめぐって新羅との争いが記されていますが、朝鮮半島南部にあった任那については諸説があり、現在では日本の領地というより、日本が何らかの権益を有していた地と見る説が有力です。ところが、日本を周辺諸国から朝貢される大国として描こうとする『日本書紀』では、任那のことを、百済と新羅にはさまれ、百済と新羅とで奪い合っているものの、倭国が古くから治めていた地として描いています。その任那に関する右のような侵攻関連の記述は、むろん、任那、および新羅を、日本への朝貢国とみなしたものです。このため、誇大な戦果を誇る書き方になっており、実際には地名に関する間違いをいくつも含んでいます。それどころか、推古紀が異様に重視している任那は、欽明天皇二十三年（五六二）の段階で既に新羅に滅ぼされており、以後の倭国はその復興に執念をかたむけてきたのです。

この点に注意する坂本太郎は、史実とは合わない妙な部分が多いのは、推古紀の編者が、欽明紀や敏達紀の記述を知らずに右の部分を書いたものと見ます。そして、来目皇子や当摩皇子の振舞いが軍事行動とは言えないいい加減なものとなっているのは、仏教信仰のあつい聖徳太子がこうした軍事行動に賛成でなかったためであり、事故を理由に中止することが太子の望むところだったのではないかと推測するのです。太子と新羅の関係を重視する田村円澄も、似た議論を展開しています。

しかし、これは太子を仏教信仰の篤い平和主義者としたいという心情から生まれた推測としか考えられません。中国の南北朝から隋唐にかけては、仏教信仰で知られる皇帝が多数いますが、彼らは対立する国や勢力を叩くことをためらうことはありませんでした。その後で、鎮撫につとめ、戦死者をとむらったり、寺を建てたりしているのであって、仏教は国力を増すための最新技術だったのです。仏教を奉ずる国王や大臣であれば、無用の殺生は避けようとするでしょうが、守屋合戦においても、三宝は戦勝をもたらす威力ある存在とみなされていたことを想起すべきでしょう。古代仏教に関して現代風な理解をすべきではありません。

実際、右の記事のうち、大将軍に任じられた「境部臣」とは、上宮王家と関係が深かった境部摩理勢《まりせ》か、推古三十一年（六二三）に征新羅大将軍に任じられ、多くの豪族たちと海を渡った境部雄摩呂《おまろ》の可能性が高いとされています。摩理勢は馬子の弟と見られており、推古二十年（六一二）二月に、蘇我稲目の娘である堅塩媛《きたしひめ》を皇太夫人と称して欽明天皇陵に改葬した際、多数の枝族をひきいた馬子大臣の指示によって「氏姓の本」を申し述べた人物です。このため、摩理勢にしても雄摩呂にしても、蘇我馬子の同族ということになります。摩理勢の場合は、聖徳太子に寵愛され、山背大兄を推古天皇の後継者として即位させようとし、蝦夷と衝突し、殺されたことで知られています。

また、来目皇子にしても当摩皇子にしても、蘇我稲目の娘である堅塩媛と欽明天皇の間に生まれた用明天皇の皇子であり、来目皇子に至っては、太子と同様に、蘇我稲目の娘である小姉君と欽明天皇の間に生まれた穴穂部間人皇女が母であって、父方も母方も蘇我氏の血が入っています。

こうした状況は、寺院の瓦の系統からも確かめられます。飛鳥では、馬子が建立した飛鳥寺（法興寺）と尼寺の豊浦寺を中心として、蘇我氏と関係深い氏族の寺が宮の周辺に配置されていますが、摩理勢の寺もその一つだったと推測されているからです。小墾田宮《おわりだのみや》の東、すなわち飛鳥を守るために戦略的にも重要な位置に遺跡が残る奥山久米寺跡は、太子の弟である来目皇子の寺とも言われてきましたが、四天王寺式の伽藍配置であって、飛鳥寺の創建期に用いられ、豊浦寺でも使われた軒丸瓦が発見されています。

そればかりか、奥山久米寺廃寺からは、山背と河内の間に位置する平野山瓦窯で生産された瓦も発見されています。この平野山瓦窯の地は、物部氏の一族である肩野氏が押さえていたところであるため、守屋との合戦の後に蘇我氏と上宮王家が手に入れて平野山瓦窯を作ったもの、ないし受け継いだものと推測されますが、ここで生産した瓦が四天王寺で用いられていることが注意されます。

奥山久米寺では、大和国宇智郡坂合部に含まれるかその近辺となる天神山窯で生産された瓦も発見されているため、小笠原良彦氏は、奥山久米寺は蘇我氏の最有力の傍系枝族だった境部摩理勢の寺と推測しています。この奥山久米寺の金堂に用いられた瓦は、大和では斑鳩の中宮寺、法起寺、平隆寺など、太子と関係深い寺からも出土しています。舒明即位前紀が「先王」、すなわち亡き聖徳太子に愛されていた人物とし、山背大兄を即位させようとして殺されたとする境部摩理勢は、確かに太子と関係が深かったのです。

その摩理勢の寺と思われる奥山久米寺の瓦は、飛鳥以外では、大和盆地の西側の斑鳩、東山麓、北部、山背南部、近江の六地域で用いられており、かなりの勢力があったことがうかがわれます。斑鳩では、中宮寺・法起寺・平隆寺で用いられています。平隆寺は、『興福寺官務牒疏』では、推古九年（六〇一）の平群臣神手《へぐりのおみかみて》の願による寺とされており、神手は馬子に従って守屋との戦いに加わった人物です。平隆寺には、すぐ北の今池瓦窯で生産され、中宮寺の創建瓦にも使われた軒瓦が用いられており、上宮王家とも関係が深いことが知られます。推古三十一年（六二三）には、境部臣雄摩呂と中臣連国《なかとみのむらじくに》を大将軍とし、平群臣宇志《へぐりのおみうし》や大宅軍《おおやのいくさ》などが副将軍となって新羅征討に出かけたとされています。宇志は、神手の後継として平群氏を統括するようになった人物でしょう。

つまり、推古朝のこの前後の時期において新羅攻撃の将軍や副将軍となったとされているのは、すべて蘇我馬子の同族か蘇我氏と関係の深い氏族の者たちであり、寺院の瓦の面でも蘇我氏と結びついていたこと、そしてその中の数人は太子とも関係が深く、寺院の瓦についても同様であったことに注意する必要があります。その太子については、まさに馬子の血族であって蘇我氏と関係が深いうえ、しかも兄弟が二人までも新羅攻撃の将軍となったとされている以上、太子が新羅攻撃に強く反対していたとは考えにくいでしょう。むしろ、皇族の役割を強化しようとして、戦闘などには不慣れな皇子たち、それも蘇我系である弟たちを活用しようとし、理念先行で失敗した例とみなすことができそうに思われます。

さて、日本が新羅とこのように対立していた頃、その新羅と激しい戦いを繰り返してきた百済と高句麗は、しきりに倭国に物や人を送ってきて関係を深めようとしたようです。推古十年（六〇二）十月には、百済僧の観勒がやって来て、「暦本、及び天文地理の書、并《あわ》せて遁甲方術《とんこうほうじゅつ》」といった最新技術をもたらしています。実際、推古朝から天文の観測が始まり、天文記事が正確になったことが指摘されています。これは暦の作成と関係するものであり、倭国は中国に朝貢してその暦を用いることを避けようとした可能性もあります。むろん、やって来たのは観勒一人ではないでしょう。そして、その直後の閏十月には、高句麗の僧である僧隆、雲聡が来朝しています。

(六) 小墾田宮での諸改革と冠位十二階

推古十一年(六〇三)十月、推古天皇は小墾田宮《おわりだのみや》に移ります。太子はこの時、三十歳。発言力が増してきた時期でしょう。そのことを示すのは、小墾田宮遷居の翌月、皇太子が「諸の大夫」たちに対して、「自分は尊い仏像を持っている(我有尊仏像)、誰かこの像を礼拝する者はいるか」と尋ねたところ、秦河勝《はたのかわかつ》が進み出て「私が拝みましょう」と申しあげ、仏像をもらい受けて蜂岡寺を造ったという記事です。この蜂岡寺が後に太秦《うずまさ》に移転したのが現在の広隆寺です。『書紀』ではまた、その同じ月に、皇太子が天皇に請うて大楯および靫《ゆき》を作り、旗幟に絵を描かせたと記しています。儀礼を華やかにするためでしょうが、当然ながら海外の事例を参考にし、作成する工匠たちを育成することになります。

河勝の記事については、太子と太子に仕えた秦河勝の親密さを示す記事として受け取られがちですが、太子が家臣的な面を持つ河勝を私的に呼び出して打診したのではなく、新しい小墾田宮で群臣たちを相手に問うたところ、河勝が担当を申し出た、という形になっていることに注目すべきでしょう。推古天皇が太子を皇太子に立てて万機をゆだねたとする推古元年の記事は疑わしいものの、この小墾田宮移住の時期あたりから、太子が天皇のなすべきことを代行することが多くなったと考えてよいと思われます。

右の仏像の件も同様であり、日本あてに送られてきた貴重な仏像、ないし、仏教熱心な「太子」あてという形で送られてきた仏像を祀る者を求めた、ということでしょう。祀る者は、当然ながら、少なくとも仏堂を建てることになりますし、貴重な仏像ということであれば、塔や門、その他を備えたきちんとした伽藍を建てねばならないでしょう。となると、寺院作りの工匠たちを有していた蘇我氏と近い関係にあることが必要ですし、財力も必要です。殖産的氏族と言われる秦氏は、その両方の条件を備えていたのです。そうした寺を建てる場合、仏像を太子から下賜された以上、建立の第一の目的は「太子の奉為」となるはずです。『広隆寺縁起』によれば、広隆寺は太子没後である「推古天皇即位壬午の歳」に「聖徳太子の奉為」に河勝が建立したとありますが、有力な渡来系氏族である秦氏がそれほど遅い時期に寺を造り始めたとは考えられないため、その前身となる蜂岡寺はもっと早くに作られていたでしょう。

なお、右の太子の語のうち、「尊仏像（尊き仏像）」という表現は、『維摩経義疏』の「内宮尊女人（内宮の尊き女人）」（大正五六・三四〇下）の「尊女人」と同じ形であって、倭習の一例です。中国の仏教文献では、「仏像」のような二字の名詞の上に「尊」を置いて「尊〇〇」の形にする場合は、「尊」は動詞であって「〇〇を尊ぶ」の意となるのが通例であり、「尊き〇

○」といった形の例は見あたりません。この個所は蜂岡寺の縁起、ないし秦氏の記録に基づく記事でしょうが、推古紀における太子関連の仏教記事は、こうした変格漢文の例ばかりです。

仏像を祀ることについては、欽明天皇十三年（五五二）の仏教公伝記事が注目されます。この年代については諸説があるものの、そこでは、百済から贈られた仏像について、物部《もののべの》大連《おおむらじ》尾輿《おこし》と中臣《なかとみのむらじ》連鎌子《かまこ》が反対したのに対して、蘇我稲目が仏教の受容を主張したため、天皇は「情願《ねが》う人、稲目宿禰《すくね》に付して、試みに礼拝せしむべし」と命じています。これは、氏族がそれぞれ特定の職掌を持って大王に奉仕していた時代にあって、稲目が仏像の礼拝供養の功徳による天皇守護の役目を申し出たため、試しにやってみることを認めたものと見るべきでしょう。

この図式は、蘇我氏の氏寺とされる飛鳥寺についても当てはまります。とびぬけて大規模であった飛鳥寺は、守屋との合戦の際の誓願に基づくかどうか不明ですし、馬子の父母や先祖たちの追善を願うという役目も持っていたにせよ、天皇の奉為《おんため》にその許可を得て建立し、蘇我氏が運営した寺なのです。天武・持統朝あたりから天皇勅願の寺が増え、国家による仏教管理も進むことは事実ですが、氏寺における父母や祖先の追善儀礼が止むわけではないため、祖先祭祀の氏寺か国家仏教の寺かという二分法では、当時の実態はとらえられません。

いずれにせよ、太子と河勝の問答は、新しい政治の動きが仏教と結びついた形で進められていたことを示しています。実際、以下に見るように、改革は仏教興隆と並行して進められていました。

推古十一年十　月　推古天皇、小墾田宮に遷る
十一月　皇太子、諸大夫に仏像を祀る者を求め、秦河勝が申し出る
同　月　皇太子、天皇に請うて大楯および靫を作り、また旗幟に描く
十二月　冠位十二階を定める
推古十二年正　月　十二階の官位を諸臣に授ける
四　月　皇太子、みずから「憲法十七条」を作る
九　月　朝廷の儀礼を改める。黄書《きふみの》画師《えかき》・山背画師を制定
推古十三年四　月　皇太子・大臣・諸王・諸臣に命じて誓願させ、銅と繍の丈六の仏像を作る。高句麗王、造像のため黄金三百両を送る
七　月　皇太子、諸王・諸臣に褶《ひらおび》を着用させる
十　月　皇太子、斑鳩宮に移る
推古十四年　寺ごとに灌仏会と盂蘭盆会を実施させる
七　月　天皇、皇太子を請じて『勝鬘経』を講義させる
推古十五年二　月　皇子養育のための壬生部《みぶべ》を制定
三　月　天皇の命により、皇太子・大臣、百寮を率いて神祇を祭拝
七　月　小野妹子を隋に派遣

推古十六年四　月　小野妹子、隋使の裴世清《はいせいせい》らとともに帰国
　　　　九　月　隋使に「東天皇敬白西皇帝」で始まる答礼を伝え、小野妹子を大使として、学生・僧侶を隋に派遣

この時期の仏教振興が政治改革と結びついていた例の一つは、「憲法十七条」です。「憲法十七条」は、仏教尊重を説くとともに、君主の権威を強調し、その詔に従うよう命じています。推古十三年（六〇五）に皇太子・大臣・諸臣に詔して誓願させて丈六の巨大な仏像を造ったというのは、それと同じ性格の指示なのです。この詔は、天皇への忠誠を示す儀礼への参加を命じるものであり、こうした場合の誓願は、先に説いたように、造像の功徳によってまず君主の長寿を祈る忠義な行ないでした。またそれは、仏教を推進する蘇我馬子大臣の路線に従うことを表明する行為でもあったでしょう。

つまり、仏教推進は政治的行為でもあって、伝統的な王者を中国式の皇帝に近づけようとする動きと不可分なのです。皇帝を尊重する中国仏教を百済経由で受容した以上、そうした方向で仏教を振興してゆけば、「大王」の皇帝化が独自な形で進みます。天武朝以後は、神祇信仰によって天皇の権威づけを行おうとし、また、新羅では、仏教的世界観に基づき、国王の系譜をインドの王者の血筋であるクシャトリアに結びつけることによって、国王の権威を確立しようとしています。推古天皇の時代にあっては、王の権威づけの最大の根拠は仏教でした。

さて、推古十一年十二月に制定された冠位十二階については、年代は合いませんが『隋書』倭国伝にも十二の官位に関する記述が見られるため、太子の関与についてはともかく、制定の事実そのものを疑う研究者はほとんどいません。推古紀では「始めて冠位を行なう」とあるのみで、主語が示されていませんが、翌年の正月条に「始めて冠位を諸臣に賜うこと、各の差有り」と記されていることから見て、明記されていない場合の主語は、当然ながら推古天皇であり、実質的には太子と馬子の協議による制定と見て良いでしょう。

冠位十二階では、徳・仁・礼・信・義・智の六つの位を、大徳と小徳というようにさらに分け、併せて十二階としたうえで、それぞれ異なる色の絁《あしぎぬ》で縫製して縁を付け、正月には髻花《うず》を髪に着けたと記されています。つまり、高下の位を定めるとともに、儀礼の正装を華やかにするための制度です。儒教の通例である「仁・義・礼・智・信」の順序と異なるため、福永光司などは、六朝時代の道教経典『太霄琅書《たいしょうろうしょ》』のたぐいの道教教理書に基づくと主張し、配当する色で紫が上位に来るのも道教の影響と説きました。これは何にでも道教の影響を見いだそうとした道教ブームの時期の強引な解釈にすぎず、原文を自説に有利なように解釈したものでした。蕭吉《しょうきつ》『五行大義《ごぎょうたいぎ》』など中国南北朝時代の五行思想文献には、五行相生説に基づく「仁・礼・信・義・智」の順序も見えていることは、早くから指摘されています。また、六世紀に制定されている百済の冠位でも、最上位は紫でした。

さて、この時期に、推古朝がこうした様々な整備を行ったのは、外交儀礼と関わっています。

『隋書』倭国伝に、「頭、亦た冠無し。但だ髪を両耳の上に垂らすのみ。隋に至りて、其の王、始めて冠を制す」とあることから、倭国が隋の代になって初めて制定したことが知られます。これは、政治の仕方の野蛮さによって呆れられたという開皇二十年（推古八年、六〇〇）の遣隋使の報告を踏まえてのもの、また朝鮮半島で複雑な対立抗争を重ね、日本との結びつきを深めようとしていた朝鮮諸国の使節に対処するためでもあるでしょう。実際、朝鮮では高句麗の十三等、百済の十六等、新羅の十七等の冠位が六世紀初めまでに制定されており、冠位十二階と同様に冠と衣服について規定していました。海外諸国との国交を進めるには、冠位を初めとする制度の改革をしなければならなかったのです。

そのうえ、新羅王は推古二年（五九四、開皇十四年）には、隋に使節を送り、冊封されて官爵を与えられ、宗主国と朝貢国の関係となっています。その新羅を牽制するには、隋との関係において新羅以上の地位を得なければならず、そのためには、まず使節のやりとりをして国交を結ぶ必要がありました。隋との外交を進めたのは、親百済派であった馬子でなく、太子であったように思われます。

そうした改革は、当然、国内制度の改革ともつながります。それぞれの氏族が特定の職務を世襲で担当していた状況を改め、優秀な人物を氏族の格や職務を超えて登用し、仕事ぶりによって出世させる官位制を志向したことも事実でしょう。ただ、推古朝は過渡期ですので、改革は中途半端なものにならざるをえません。中国は隋の頃までには役職の体系を発展させ、その上下関係を詳しく規定した官品を定めるようになりました。一方、朝鮮諸国の冠位は、新羅の冠位制が男性の血筋の高貴さによる「骨品」制度に基づいていたように、伝統的な氏族の身分と強く結びついていました。そのため、朝鮮諸国の冠位制度は、制定されると以後はほぼそのままの形で存続したのです。

冠位十二階の場合、基本は天皇の宮での儀礼に参加する畿内の有力氏族とその次のクラスの氏族の長たちなどに対して、身分の高い順に与えるものでした。つまり、当時の倭国の現実である氏族の力の高下や天皇との関係の深さによる順位に基づき、上下の冠位を与えたのです。ただ、冠位十二階は、あくまでも個人に与えるものであって能力・功績によって授受することも昇進することも可能であったのは、個人の能力によって登用したとされる古代中国の理想的な政治のあり方を一部取り入れようとしたためでしょう。こうした過渡期的な性格のため、日本の冠位制は、律令制による位階制度が確定するまで、めまぐるしく改められていきます。

冠位十二階は昇進可能な制度であり、記録を見ると実際そうなっていますが、それだけに、冠位にふさわしい行動規範、あるいは法的規制が必要となります。十二月に冠位が定められ、すぐ後の正月に冠位が実際にそれぞれの人に与えられ、四月に「憲法十七条」が制定されているのは、そのためと考えられます。実際、「憲法十七条」と冠位十二階には、対応関係が見られます。通常の五常、すなわち「仁・義・礼・智・信」の順序と違い、冠位十二階が「徳」を最上位に置いたうえで「仁・礼・信・義・智」としていて「礼」と「信」を重視して順位をあげているのは、群臣の秩序確立と円滑な協議のために「礼」と「信」を重んじている「憲法十七条」の傾向と同じなのです。

冠位十二階は、権力者である大臣の馬子などには適用されなかったとする説もありますが、大臣も皇子たちも小墾田宮の儀礼に参列する以上、冠位が授与されていたと見るべきでしょう。推古十六年（六〇八）八月壬子条の隋使斐世清の記事では、「皇子・諸王・諸臣」がすべて様々な材質と色の衣服を着た、と述べていることは重要です。

（七）「憲法十七条」

『書紀』では、推古十一年（六〇三）十二月の冠位十二階制定、翌年正月の冠位授与記事に続き、「夏四月の丙寅の朔戊辰に、皇太子、親《みずか》ら肇《はじ》めて憲法十七条を作る」とあります。太子はこの年、三十一歳。記事だけでは、作成当初から「憲法十七条」と名づけられていたのか、「憲法」という名だけだったのか、それとも別の名の規定であったものを『書紀』が「憲法」と呼んだのか、分かりません。「憲」は、家憲という語があることが示すように、決まりということであって、「憲」も「法」も同意語です。

以下、「憲法十七条」を単に憲法と呼びますが、この年の憲法作成が事実であれば、この憲法は冠位十二階その他の制度改革と一体のものということになり、太子以後の作であれば、当時の制度改革と一体のものという形で『書紀』編集者が創作したか、編集作業以前に作成されていた憲法をこの位置に配置したことになります。いずれにせよ、全文を引用するほど『書紀』が憲法を特別に重視していることは明らかである以上、憲法が早い時期から存在していたのであれば、『書紀』の他の部分には憲法の思想や言葉の影響を受けている個所があるはずです。また逆に、『書紀』の編集者が憲法を創作したか、前からあった資料に大幅に手を加えて現在の形にしたのであれば、『書紀』全体の用例、特に憲法が載っている推古紀や推古紀の筆者が担当した他の巻を参考にしなければ、憲法は正しく読めないことになるでしょう。実際、山背大兄関係の記述や、孝徳天皇や天武天皇の時代の記述など、憲法を意識して書いてあると推測される個所が少なくありません。

憲法についてはこれまで名文とされてきましたが、森博達氏は、実は憲法は奇用・誤用だらけであって、『書紀』の他の記事に見られる変格漢文と同様の用法が多数見られることを指摘しました。しかも、金石文などに見える推古朝遺文や白鳳期遺文より文体が新しいため、少なくとも『書紀』編纂が始まった天武朝以後の作と説いています。これはきわめて重要な指摘でした。この他にも、津田左右吉以来、憲法の後代制作説は様々な面から論じられており、かなり有力ですが、内容を見る限り、律令制以後のものとは考えがたいものばかりです。多少手直しした個所があったとしても、基本は推古朝のものと見るのが妥当と思われます。

ともかく、第一条から見てゆきましょう。「和を以て貴しと為し、忤《さか》うこと無きを宗と為せ」

という有名な部分です。これは、むろん、いかに「和」でない状態が続いていたかを示していています。たとえば、五世紀のものと推定されている韓国の中原高句麗碑では、新羅との領土をめぐる戦いに勝った高句麗王が、新羅王に対する訓戒の文字を朝鮮風な文体で刻ませており、「和」を強調しています。すなわち、百済・新羅・夫余・粛慎など周辺諸国を属民とみなして朝貢などの義務を課し、伝統的な「天」の概念と中国風な皇帝の概念を結びつけ、王の権威づけをしていた高句麗の「太（大）王」は、新羅王を「東夷（東方の蛮人）」と呼んだうえで、王とその「太子」に対して、「兄の如く弟の如く、上下相和して天を守（如兄如弟、上下相和守天）」るよう訓戒していました。

「天を守る（守天）」とは、『易経』「坤」の文言伝が「天を承けて時に行う」と説き、善を重ねれば余慶、不善には災いがあるとして君主への反逆をいましめた個所に基づく表現でしょう。つまり、新羅王とその太子に、（天子であって）新羅の宗主である高句麗王に対して、新羅は上下一致して忠誠を尽くせと命じたのです。兄である高句麗と弟である新羅とが兄弟のように和して天命に従うよう誓わせた、と解釈する学者もいます。

これと同じ発想は、日本でも見られます。身内から藤原広嗣のような反乱者を出してしまった藤原氏が膨大な土地を返納して国分寺が造営された後、その国分寺の一つであった東大寺での大仏供養にあたって、「忠心転《うた》た潔《きよ》く、共に天を承《う》く（忠心転潔共承天）」という句を含む「供養舎那仏歌辞」が大勢によって歌われ、忠義の心をさらに増して天皇に忠誠をつくすことが大仏の前で誓われています。

　このように、「和」が強調されるのは、激しい争いがあればこそなのです。なお、伝統に基づいて太王と天を同一視し、儒教の天とを重ね合わせていた高句麗に見られる小中華主義は、漢人の亡命貴族や技術者を活用して国力をつけた高句麗同様、朝鮮諸国からの渡来系氏族を活用して勢力を増した倭国にも受け継がれました。

　憲法第一条冒頭の「以和為貴」は、通説通り、『論語』里仁篇の「礼之用和為貴（礼の用は、和を貴と為す）」に基づくものであって、『礼記』儒行篇の「礼之以和為貴」も同様の例と見て良いでしょう。儒教においては、礼は上下の関係と身分に応じた振舞い方を規定するものですが、そうなるとどうしても対立が生じがちであるため、それぞれ異なる音が一緒に鳴ることによって美しいハーモニーが生まれるように、融和の重要さが説かれるのです。儒教においては、孔子が大変な音楽好きであったこともあって、規範である「礼」と和音を奏でる「（音）楽」は、不可欠の学習項目でした。

　しかし、「憲法十七条」の「和」は、その後に続く文章を見る限りでは、異なる音が存在することによってハーモニーが生まれるという面より、とにかく「和」して穏やかな雰囲気で協議することにより、上下の群臣たちの意見が一致することを重視しているように見えます。そもそも、「憲法十七条」は「楽」を考慮していません。

　問題は次の「忤うこと無きを宗と為せ（怒って反発したり衝突したりしないことを根本の立場

とせよ)」です。「宗」とは、仏教では経典などの根本の立場を意味します。第一句が『論語』に基づくなら、対句となる第二句でもそれに匹敵するような古典の句を用いるべきであり、仏教の書物にするなら『法華経』などの言葉を使うべきところですが、そうなっていないのは、「憲法十七条」がきちんとした漢文で書かれていないことを、冒頭から示すものです。

この「無忤」という語は、経典には登場しないものの、僧伝にはしばしば見えており、賞賛の言葉となっていました。早くから用いられていますが、集中して見えるのは、中国南朝のうちの梁や陳において、鳩摩羅什訳『成実論《じょうじつろん》』の教理に基づいて『涅槃経』『大品《だいぼん》般若経』『法華経』『維摩《ゆいま》経』『勝鬘《しょうまん》経』などの大乗経典を研究した系統の人たちの伝記であって、これらの僧尼が「無忤」を尊重していたのです。特に注目されるのは、陳代の代表的な成実論師であって、文帝に尊重されて大僧正に任ぜられ、朝鮮諸国はその姿を描いて国に持ち帰り「頂礼遥敬」したといわれる宝瓊《ほうけい》の伝記に「無忤」の語が見え、宝瓊はいつも穏やかで「無忤」であったと記されていることです(道宣『続高僧伝』、大正五〇・四七九中)。

一方、『成実論』など小乗仏教の論書にすぎないと断定し、『成実論』を尊重する人々を激しく論難した三論宗系統の僧や在家の知識人信者は、破邪顕正《はじゃけんしょう》を旨とするためか、周囲に「忤《さか》」って迫害されたと伝えられる人たちが目立ち、憎まれて殺された人も複数います。たとえば、『陳書』によれば、剛直な性格と才気で知られた陳の熱心な居士、傅縡《ふさい》などは、攻撃的な論調を批判されると、三論宗の正しい教えを広めるには「俗に忤」らうべきなのだと明言しており、実際にいろいろな面で衝突を引き起こし、最後は君主にまで逆らって獄死しています。

第一条では、「和」と「無忤」が説かれた後、人は「党」を作りがちであって、道理に通達している人は少ないために、君主や父にさからうのだと述べています。「党（朋党）」を形成することが過失の元であることは、『論語』里仁篇にも説かれていますし、信賞必罰による法治主義を説く法家も強調し、警戒していました。

第一条は、それに続いて、「上和ぎ下睦《むつ》びて、事を論じるに諧《かな》う時は、事理、自ずから通ず。何事か成らざらん」と述べて結論としています。「諧」はぴったり合うことですが、正しい音程と一致するというのが原義です。上の者と下の者が親しみあった状態で、意見の一致をめざして和して話し合えば、「事理（物事の道理）」が自然と明らかになって来るのであって、そうなれば実現できないことなどあろうか、と力説するのです。

これを読むと、第一条が考えている「事」とはきわめて重要な事柄であり、「理」に基づくその「事」の実現はかなり困難であることが分かります。そこで、『書紀』の用例を見てみると、重要な「事」とされているのは、ほとんどが天皇への即位や天皇の職務です。また、「理」については、舒明即位前紀で、自分ではなく田村皇子が天皇に推挙されようとしていることを聞いた山背大兄が、熟考しても「其の理を得ず」と述べていますし、孝徳即位前紀では、軽《かるの》皇子《みこ》が天皇推挙を固辞して古人《ふるひとのおおえ》大兄に譲る際、「大兄命《おおえのみこと》は、是れ昔の天皇の生む所なり。而して又た年長なり。斯《こ》の二つの理を以て、天位に居るべし」と述べています。これも、天皇となるべき道理という用例です。

そもそも推古天皇は、天皇後継者をめぐる馬子と守屋の合戦、崇峻天皇の暗殺という尋常でない事態の後に即位した史上初の女性天皇でした。そうした状況で法令を制定するとなれば、まず懸念されるのは、天皇後継者をめぐる戦乱が再び起きることでしょう。したがって、「事理、自ずから通ず」とは、いろいろな事柄を論ずる場合すべてにあてはまるでしょうが、特に意識されているのは、和して話し合ううちに、誰が天皇となるのにふさわしいかがはっきりして来るということだと思われます。それが困難とされているのは、むろん、群臣の意見が異なるからです。

太子の場合、守屋合戦に触れた個所で見たように、決して天皇後継の第一候補ではなかったことに留意すべきでしょう。聖帝とされる仁徳天皇にしても、『書紀』がその徳の素晴らしさを強調しているのは、兄である太子菟道稚郎子《うじのわきいらつこ》が、弟の方が幼い頃から聡明で「仁」「慈」「孝」であるので「聖君」となるのにふさわしいという理由で位を譲り、即位させたという話になっているからです。太子の場合も、周囲に太子の即位を願い、太子が「聖」であることを強調する人々がいた可能性があります。

次に第二条の冒頭は、「篤く三宝を敬え」となっています。信奉せよでなく、「敬え」となっている点が大事です。第二条はこれに続けて、三宝はすべての国の人のよりどころであり、古今東西の諸国で尊重されていることを強調した後、「人、尤《もっと》も悪《あ》しきもの鮮《すくな》し。能《よ》く教ゆれば従う。其《も》し三宝に帰せずんば、何を以て枉《まが》れるを直さん」と述べます。人間には極悪な者はほとんどいないため、きちんと教えれば従うものだ。仏教に帰依しなければ、どうやって曲がったものを正すことができようか、と言うのです。「従う（従之）」の「之」は、「これを」という目的語ではなく、終止・中止を示す用法です。古代中国に用例はありますが、以後はあまり使われなくなったのに反して、古代朝鮮の金石文や、『書紀』のうち憲法所載の推古紀を初めとして変格漢文で書かれた巻では、盛んに用いられています。

このうち、「枉《まが》れるを直す（直枉）」というのは、法家文献である『管子』「九変」の言葉であり、悪を正すには三宝によるしかないという点では、『維摩経義疏』菩薩品の「悪を離れ善を取るには、必ず三宝を以て本と為す」という部分と共通することが、これまで指摘されています。

気づかれていなかったのは、この「敬」の部分は、儒教で重視された『孝経《こうぎょう》』に基づいていることです。その「広要道章」では、「礼とは敬なるのみ。故に、其の父を敬すれば、則ち子悦び、其の兄を敬すれば、則ち弟悦び、其の君を敬すれば、則ち臣悦び、（王）一人を敬すれば、千万人悦ぶ」と述べ、これが礼の要道であるとしています。すなわち、礼の根本は「敬」なのであり、上位の存在を敬えば、その下にいる多くの人たちが喜び、礼の秩序が維持されると説くのです。これを憲法第二条が古今東西の国で尊重されているとする仏教にあてはめると、仏を敬すれば、国内国外の多くの人たちが喜び、秩序が維持されるということになります。

つまり、第二条が仏教尊重を説くのは、近代的な信仰観によるものではなく、こうした目的のためでした。だからこそ、仏教に帰依しなければ、どうやって悪を正すことができようか、と力説されるのです。

この次に、「承詔必謹」を説く第三条が続きます。ここでは、変格漢文によって「君」が「天」であり、「臣」は「地」であると述べられ、天は上、地は下という秩序を守って「君」の詔に従うべきことを強調したうえで、詔を受けたなら「謹まずんば、自ずから敗れん」と警告しています。この「自ずから敗れる」という表現は、推古紀と似た面のある神武紀・景行紀に見えていますが、守屋合戦のところで太子が四天王に対して勝利を祈願して造寺を約束した誓願をすると、守屋の軍勢は「忽然《こつぜん》として自ら敗れ」たと記された部分は印象的です。すなわち、仏法興隆を妨げた報い、自業自得という文脈の中で使われているのです。

実際、天智十年（六七一）に大友皇子が大臣などの五人の高官たちと宮中の仏前で誓願した際、大友皇子は天皇の詔に違うことがあれば「天罰」をこうむろうと誓い、左大臣の蘇我赤兄《あかえ》は、我々五人の臣下たちが詔に違うことがあれば、「四天王打たん。天神地祇、亦復《また》誅罰せん。三十三天、此の事を証知したまえ。子孫当《まさ》に絶え、家門必ず亡びん」と泣いて誓っています。この時期になると、皇室の祖先とされる「天」の罰が強調されるようになっていますが、赤兄は崇仏の伝統がある蘇我氏だけに、四天王の罰を真っ先に出し、三十三天にこの誓約の証人となるようお願いしています。憲法の場合は、神には全く触れないため、赤兄のように、自業自得によって四天王に罰せられ、あるいは見捨てられて、自《おの》ずから敗亡することが考えられているると見てよいでしょう。この点を見ても、また憲法は「君」というのみで「天皇」の語を使っていないことを見ても、神話によって天皇を権威づけようとしていた律令作成期の作とは考えにくいところです。

なお、神武紀では「自敗」の語を用いているものの、「頼むに皇天の威を以て、凶徒を就《つ》きて戮《りく》せん〈祖先である〉皇天の威力をこうむり、悪逆なる者たちをすぐさま皆殺しにしよう）」と述べるなど、儒教と天孫思想が結合した表現も見えており、憲法より成立が新しいことが推測されます。同様の例が見えるのは、蘇我入鹿と蝦夷らを滅亡させた直後に孝徳天皇が群臣を集め、忠誠を誓わせた部分です。この前後は後代の潤色が目立つ部分ですが、天皇は天神地祇に対して、「天は覆い、地は載」せるものであって、天そのものである帝は一人しかいないのに、末世になって道徳が衰え、君臣が秩序を失ったため、「皇天、手を我に仮りて、暴逆を誅殄《ちゅうてん》せしむ（天が私を用いて悪辣な者たちを皆殺しにさせた）」と告げます。そして、今後、臣下が君主に並んだり君主に忠義でなかったりしたら、「天、災いし、地、妖《わざわい》し、鬼、誅し、人、伐たん」という誓約を群臣たちにさせています。

この個所が憲法を意識していることは確実ですが、「皇天、災いを降すに、手を我に仮る」とある『尚書《しょうしょ》』伊訓の表現を利用し、「皇天、手を我に仮りて、暴逆を誅殄せしむ」と述べるなど、儒教と天孫信仰が結びついた激しい表現が使われており、仏教重視で自業自得による滅亡をほのめかすだけの憲法との違いが目立ちます。『書紀』では、この孝徳天皇の命令のすぐ後で、高句麗の使いに対して、「明神御宇日本天皇《あきつかみとあめのしたしらすやまとのすめらみこと》」と称しています。ここは編者の文飾でしょうが、律令以後はこの天皇観が基本となります。

つまり、憲法は、法家の主張を取り込んでいる部分もあるものの法家ほど酷薄でなく、儒教に基づいて礼を重んじているものの、天にそむく悪者たちの皆殺しを説くほど激しくないのであって、「天皇」の語も見えず、天皇家を権威づける皇天信仰も強調されていないのです。古い成立としか考えられません。また、後代の僧侶の作文にしては、法家の文を引くなど、政治的であって生々しすぎます。

第四条は、「群卿百寮、礼を以て本と為せ」で始まり、礼の意義が強調され、「群臣に礼有らば、位次乱れず」と述べられています。第一条以下、徹底して礼の意義を説く内容が続いています。

さて、憲法で最も誤解されているのは、第十四条の「我必ず聖に非ず、彼必ず愚に非ず。共に是れ凡夫なるのみ。是非の理、詎《なん》ぞ能《よ》く定めん」という個所に見える「凡夫」という言葉でしょう。憲法は、人の心のあり方をしっかり見つめ、自らを是として他人を非とすることの弊害、嫉妬の弊害を説くなど人間洞察の文献になっていることは確かですが、ここで言う「凡夫」は、人はすべて「煩悩具足の凡夫」であることを強調する『歎異抄《たんにしょう》』好きな人たちの解釈とは違い、憲法作者が自らを「凡夫」と見て反省した言葉ではありません。

第十四条では嫉妬の害を力説し、「賢聖」に出逢うことは難しいが、「其れ賢聖を得ずんば、何を以て国を治めん」と説いています。賢人・聖人がいなければ国は治められないのだから嫉妬するなというのです。したがって、「君」は天であるとする憲法が考えている賢人・聖人は、「君」そのものではなく、群臣たちの上にいて正しい判断ができる人であって、嫉妬される人なのです。ですから、是非の道理を定めることができない「凡夫」というのは、「聖」でも「愚」でもない中間の人、つまり、「凡人」ということになります。実際、『論語』では、「上智と下愚は移らず」と説き、とびきり優秀な人と全く愚かな人は教育によって変化させようがないとしています。仏教の影響も受けていて六朝期に良く読まれた注釈である皇侃《おうがん》の『論語義疏《ろんごぎしょ》』は、さらに細かく分類したうえで、上上は聖人、下下は愚人と規定していました。

ここで我々が思い起こすべきことは、『書紀』は太子が聖人であることを異様なまでに強調していること、そして太子関連の多くの史料が、太子を「聖」と呼んでいることです。時代は後になりますが、奈良時代に鑑真に従って日本に渡って来た法進《はっしん》は、年少の修行者のことを意識して常識的な事柄についても詳しく説いた『沙弥十戒并威儀経疏《しゃみじゅっかいならびにいぎきょうしょ》』において、「国王というのは、過去世において五百もの諸仏にお仕えした善根によって王となっているのであり、単なる凡夫ではない」と述べています。こうした見方こそが、古代の常識だったのです。これは、天皇の後継者であった太子についても当てはまるでしょう。奈良末から平安初めにかけて編纂された仏教説話集である薬師寺景戒《きょうかい》の『日本霊異記《りょういき》』も同様であり、特定の天皇についてはその悪行をはっきりと指摘しておりながら、天皇自体については、前世の善業によって生まれた特別な存在とみなしていました。

また、中国史上最も熱心な仏教信者であった梁の武帝（五〇二～五四九）は、日本仏教の師である百済仏教が手本とした皇帝です。壮年の頃は寵愛する知的な妓女と濃艶な漢詩のやりとりを楽しんだりしていますが、晩年には仏教に打ち込んで「菩薩天子」と称するようになっており、実際にそうした自覚を持っていました。「家僧（家庭教師役の学僧）」の助言を受けつつ経典の講義や注釈の執筆までしています。

海外諸国も、梁に国書を送る際は、武帝のことを「菩薩天子」や類似した表現で呼び、仏教の興隆ぶりを讃えるのが通例でした。当時における仏教外交を調査した河上麻由子氏が示した天監十七年（五一八）の干陁利《かんだり》国上表文では、仏教系の外交文書の手本に従って武帝のことを絶讃し、「救世大悲」と称したうえで、天子さまの足に頭をつけて敬礼いたしますと述べ、インド風な最上級の敬意を示しています。また、天監十六年（五一七）に婆利《ばり》国王が贈ってきた国書に至っては、武帝を「聖王」と称してその仏教教化による繁栄を絶讃したうえ、「皇帝は是れ我が真仏」とまで述べ、「聖王の足下に敬礼いたします」と記しています。こういう表現をとるのが礼儀だったのです。

仏教を公伝したとされる百済の聖明王は、梁に朝貢して「持節都督百済諸軍事鎮東大将軍」などの称号を貰い、梁の年号をつけた寺を武帝の奉為に創建したうえ、『南史』梁武帝紀によれば、大同七年（五四一）には高句麗その他の国と競うように梁に使節を送り、「涅槃等の経《きょう》疏《しょ》、及び医工、画師、毛詩博士」などを請うています。「涅槃等の経疏」というのは、その前年に鮮卑系の河南王が梁に朝貢して釈迦像や経論を求めて来た際、「勅して像 并《ならび》に制旨涅槃・般若・金光明疏《こんこうみょうしょ》一百三巻を付す」とあるように、「制旨」の、つまり武帝の注釈を指すのでしょう。聖明王は、武帝の注釈の下賜をまず願い出て武帝を喜ばせたうえで、技術者の派遣を求めたものと思われます。百済の国から僧が来朝して仏教熱心な太子を教えたなら、武帝を手本にした扱いをしたことでしょうし、太子自身もそうした自覚をもって育っていったとしても不思議ではありません。隋を開いて仏教を盛んにした文帝も、後述するように「皇帝菩薩」であることが宣伝されていました。

以上のことから見て、「憲法十七条」は、「聖」なる人物とそれに準ずる「賢」なる人物が国をおさめるべきであり、道理を判断できないで嫉妬しがちな「凡夫」である群臣たちは「和」して協議することにより、明らかになってくる「理」に基づいて天皇推挙を初めとする重要事を決定し、群臣やその下の官人たちは、そうして推挙された天である君の詔に絶対服従して「背私向公」の立場で「臣道」に尽くすというのが、「憲法十七条」の基本的な図式であったように思われます。この場合、「聖」は聖徳太子、群臣を統括する「賢」臣は大臣馬子しか考えられません。「無私」は、仏教でも中国思想でも、公平である仏や君主の徳として語られることが多いのですが、ここでは、臣下に対して「我意」を捨てよという文脈で用いられています。

「我意」の否定は、仏教の無我の思想を法律優先の法家の立場と結びつけたものでしょう。

つまり、仏教経典が説く心理分析などを応用することにより、人間の厄介な心に対して深い洞察を示している憲法は、天皇後継の第一候補ではなかったものの「聖」である太子と、「賢」である大臣馬子が嫉妬されつつ共同執政していた時代、および、太子が即位して聖君となり、賢臣の馬子がそれを支える将来にふさわしい内容となっていると思われるのです。馬子を「聖臣」と見たかもしれません。憲法については、天武天皇の頃に書かれたとする説もありますが、壬申の乱に武力で勝利して即位した天武天皇は、仏教を重視していましたが、大臣を置かず、重要な役職を皇親たちで固め、神祇信仰や神仙思想によって天皇の権威づけをはかっていました。

なお、『書紀』では蘇我蝦夷《えみし》や入鹿《いるか》を、天皇家の権威をないがしろにする悪人として描こうとしておりながら、蘇我氏系の史料に基づいて書き改めたせいなのか、後述するように、蝦夷が「憲法十七条」を尊重し、道理を判断できる「賢」い大臣として振る舞おうとしている様子が描かれています。

（八）改革と仏教

「憲法十七条」以後、改革は続きます。最初は、同年九月に、「朝礼」を改め、宮中の門を出入する際は、両手を地につける匍匐《ほふく》礼をとるよう定めたことです。「憲法十七条」における「礼」の重視に続き、海外諸国との交流を意識した「礼」の整備ということになります。

これに続くのは、十月の「始めて黄書《きふみ》の画師・山背画師を定む」という記事です。『聖徳太子伝暦』では、仏像を描いて諸寺を荘厳するため黄書画師その他の画師集団を定めたとしています。『新撰姓氏録』山城国諸蕃によれば、黄書連《きふみのむらじ》氏は、高句麗王の子孫とされています。宮中の儀礼を華やかにすることは、寺院堂内を華やかに荘厳することと並行していたのです。

重要な改革は、推古十三年（六〇五）四月に、天皇が、皇太子・大臣・諸王・諸臣に命じて、銅と繍《ぬいもの》による丈六の巨大な仏像を造ることを誓願させ、鞍作鳥を造像の責任者としたことであり、この企画を聞いた高句麗王が黄金三百両を贈ってきたことです。この誓願も、馬子が主となって天皇の奉為に提案し、その誓願儀礼に皇太子以下が大人数で加わったということでしょう。当時、これを実行できるのは、百済の工匠たちを配下にしていた馬子だけだからです。それでも、当日の誓願儀礼に参加した人々を身分順に書けば、「皇太子・大臣」の順序となります。もっとも、この時期あたりから太子の発言力も増していたと思われますので、決定はともかく、提案したり支援したりする程度は可能だったでしょう。ここで大事なのは、開皇十八年（五九八、推古六年）に隋の遠征軍と戦って苦しめられた高句麗が、この機会に、日本との関係向上を願って動いてきたことです。まさに仏教外交です。あるいは、倭国からの働きかけもあったかもしれません。

なお、推古天皇自身、蘇我氏の血を引いていますので、寺院の破壊を認めたという夫の敏達天皇と違い、仏教に好意を持っていたでしょう。推古十五年（六〇七）二月の神祇祭拝の命令、あるいは、推古三十二年（六二四）九月に僧侶が祖父を斧で打った事件に際し、天皇が僧侶全体を罰しようとしたことなどから見て、推古はさほど仏教に熱心でなかったとする研究者もいますが、そうは思われません。推古天皇が厳しい態度を取ったのは、国王が悪事を見逃していると四天王がその国を見捨てて守護しないと説く『金光明経』四天王品の教えを考慮したもののように見えます。そもそも、推古紀では、「三宝興隆の詔」以来、推古は一貫して仏教尊重の天皇として描かれてきたうえ、この時期には太子は亡くなっているものの、最大の仏教保護者であった叔父の馬子はまだ生きており、この事件の後には僧正・僧都制度を導入して僧尼の監督を厳密にしています。これらのことから見て、少なくとも推古紀の編者は、この事件を仏教弾圧として描くつもりはなかったでしょう。仏法を信奉する国王なればこその悪業に対する厳正な処分、急激に増えた寺や僧尼に対する監査の始まりとして記録したものと見るのが自然と思われます。

推古十三年（六〇五）の記事で見逃せないのは、閏七月一日に、諸王・諸臣に命じて「褶《ひらおび》」を着用させたという記事です。この「褶」については、男は袴の上、女は唐裳の上につける褶であって、中国の礼服であることが知られていますので、これまでの百済を直接の手本としてきた時代から、中国志向へと移りつつあることが知られます。小野妹子が隋に派遣されるのは、その二年後の七月です。

第四章　斑鳩移住とその後

（一）　斑鳩移住と法隆寺・四天王寺の建立

推古十三年（六〇五）十月、太子は斑鳩宮に移ります。この年、三十二歳。妃たちの宮も完成していたことと思われます。斑鳩宮の西南に瓦葺きで建てられた法隆寺若草伽藍は、従来の建築物の建設とは異なる技術によるものですので、宮を建設した工匠たちと伽藍建立を担当した工匠たちとは別であった可能性もありますが、本格工事を同時に進行させることはやはり困難でしょう。ですから、若草伽藍は、斑鳩宮と同時期に建設が始まっていたにせよ、本格的な建設作業がなされたのは、斑鳩移住後と考えられます。

興味深いのは、現在の法隆寺金堂の主尊である釈迦三尊像の台座に書かれていた墨書です。

これは、法隆寺昭和資材帳作成に伴う調査の際に発見されたもので、台座の下段部分の内側に「辛巳年」「書屋」「尻官」などの字が書かれていました。太子没後に釈迦三尊像を造る際、台座に太子ゆかりの建物の木材か、何かの建築のため準備されていた部材を転用したものと推定されています。

「尻官」については、「尻」が「尼」の異体字であれば、尼を管理する尼官という役人ということになります。可能性はありますが、そうした職名は知られていないため、不明としておくほかありません。「書屋」は、瓦屋が瓦作りの工房であるのと同様に、紙に関する工房でしょう。「辛巳年」は、この時期ですと移住から十六年後の推古二十九年（六二一）に当たります。その頃には、いろいろなものを作る工房や、特定の職務を行う人々の組織などがかなり整備されていたことが推測されます。おそらく、移住と同時に少しずつ整備され始めたことでしょう。若草伽藍に瓦を供給した窯の一つに、生駒市三郷町の「法隆寺瓦屋」があることが示すように、そうした工房は斑鳩だけではありませんでした。

その斑鳩宮の隣に建てられた法隆寺については、斑鳩寺、あるいは鵤《いかるが》寺などの表記が見られますが、正式な寺名と地名などに基づく通称が異なるのは、アジア諸国ではよくあることです。漢字文化圏諸国では、金堂などが完成して儀礼が行われる際は、漢字による公的な名が定められるのが通例であって、伽藍が完成しても命名儀礼がなされず、地名に基づく名しかないという事態はありえません。天武八年（六七九）四月に、食封《じきふ》を得ている寺についてその由来を調査して「諸寺の名を定め」たとする記事が見えるのは、そのように朝廷が援助している寺を中心として、朝廷から見て不適切な名や由来を改めさせたということでしょう。

太子生存時に建立された法隆寺は、『書紀』によれば天智九年（六七〇）四月三十日に焼失し、一屋も残らなかった、と記されています。しかし、現在の法隆寺である西院伽藍の金堂や五重塔などは、奈良の諸寺に比べてきわめて古い様式であるうえ、金堂には用明天皇の臨終時に誓願されたという銘文を有する薬師如来像や、太子臨終時に誓願されたという銘文を刻した古い様式の釈迦三尊像が安置されています。このため、明治三十八年（一九〇五）に、法隆寺の再建非再建をめぐる大論争が起こりました。若草伽藍は、昭和十四年（一九三九）の発掘調査によって、塔と金堂が東西に並ぶ現在の西院伽藍と違い、門・塔・金堂・講堂が一直線に並ぶ古い四天王寺式伽藍配置であったことが判明したうえ、飛鳥寺・豊浦寺の瓦につながる古い瓦が出土したため、焼失が確定しましたが、以後も様々な点をめぐって論争が続いています。

この論争は、聖徳太子その人にも関わりますので、大橋一章編『寧楽美術の争点』（グラフ社、一九八四年）に寄せた美術史の大家、小杉一雄の印象深い「序」をあげておきます。

思えば日本美術史学史が法隆寺再建非再建論争で幕を開けたことは、まことに倖せであった。……以来三代にわたるあの大論争に投ぜられた幾多の俊敏にして透徹した頭脳によって、今日の日本美術史学が築き上げられたのである。

つまり日本美術史学研究史の第一頁が、中世美術でも近世美術でもなく、上代美術であり、しかも熾烈きわまる論争史であったことは、日本美術史学発展のためまことに幸福であったのだ。玉磨かざればの譬えの如く切磋琢磨こそが、学を成就する唯一つの道であり、個人においても学界においてもこの要諦にかわりはない。

そうして続いている論争の一例が、先に触れた薬師如来像の光背銘です。疑われることの多い銘文ですが、丁卯年（推古十五年、六〇七）というのは、太子の斑鳩移住の二年後ですので、移住の少し前から建設が始まっていたとしたら、仏像とそれを安置する金堂が出来ても不思議はない時期です。このため、現在の薬師如来像と銘文自体は七世紀後半の作と見る研究者でも、この年代記載については、何らかの史実を反映したものと考える研究者もいます。

若草伽藍跡からは、二〇〇四年の発掘作業によって寺域西限の溝が発見され、その付近から焼けた瓦とともに、古風な彩色壁画の焼けた破片が多数出土しました。彩色壁画が太子の時に作られたか山背大兄の時に作られたかは不明ですが、飛鳥寺跡でも豊浦寺跡でもこうした破片は発見されていませんので、現在のところでは日本最古の大がかりな寺院壁画と考えられています。若草伽藍は、そうした最先端の寺院だったのです。

なお、仏像が安置されていたのは、若草伽藍だけではなさそうです。斑鳩宮跡からも焼けた瓦の破片が出土していますので、太子の時か山背大兄の時か分かりませんが、日頃礼拝するための瓦ぶきの仏堂があった可能性が指摘されています。

　その斑鳩の地には、二キロ四方のうちに法隆寺、中宮寺、法輪寺、法起寺という四つの寺が建っています。これらの寺は、天平十九年（七四七）の『法隆寺伽藍縁起《がらんえんぎ》并《ならびに》流記資財帳《るきしざいちょう》』では、用明天皇ならびに歴代の天皇のため、丁卯の年（推古十五年、六〇七）に推古天皇と聖徳太子が「法隆学問寺、并四天王寺、中宮尼寺、橘尼寺、蜂岳寺（蜂岡寺）、池後尼寺、葛城尼寺」を造立したと記されるうちに名が見えています。これらが太子建立の七寺と言われるものですが、むろん、推古十五年に一度に出来たわけではありません。

　四天王寺の創建時の瓦については、先に述べたように、若草伽藍のうち、金堂の後に建てられた塔に用いられた瓦当笵が、かなり損耗した状態で使われていました。また、推古二十九年（六二一。法隆寺史料では辛巳（六二二）に亡くなった太子追悼のためか、推古三十一年（六二三年。『広隆寺縁起』では、六二二）に新羅から送られてきた仏像、舎利、金塔、灌頂幡のうち、仏像を広隆寺に、それ以外のものを四天王寺に納めていることから見て、少なくとも四天王寺の金堂は太子の晩年にはできあがっていたことになります。おそらく、若草伽藍の建立が一段落したところで本格的な作業が始まり、太子が没した頃には金堂と塔くらいは出来ていたものの、他の建物の瓦の新しさから見て、伽藍完成までは至っていなかったと見るのが自然に思われます。

　四天王寺は、難波の港近くにそびえ、しかも建物が一直線に並んでいるため、海の上や横を通って都に至る道から見ると、大きな伽藍に見えたことが指摘されています。つまりは、海外からの使節に国威を示し、また国内の地方豪族を威圧する働きが考えられていたものと思われます。これは四天王寺に先行する若草伽藍も同様です。四天王寺で特筆すべきことは、海と川の水運の良い地にあったためもあってか、創建瓦以降になると各地から瓦が供給されていることでしょう。若草伽藍でも用いられた山背の楠葉東窯の瓦、飛鳥の奥山久米寺の瓦と似た瓦のほか、渡来人が多く移住した播磨の地の窯で作られた瓦の使用が指摘されています。

播磨については、太子が『法華経』の講経をした際、推古天皇から播磨の水田を布施されたため、太子が法隆寺に施入したことで有名であるうえ、先に触れたように太子に仕えて馬を飼う氏族もいました。『続日本紀』神護景雲元年（七六七）条によれば、播磨には二百五十五町もの四天王寺の墾田があったとされています。これも、仏教と土地開発が結びついている一例です。仏教は猛獣や土地の神を恐れないため、恐れられていた地でも聖なる土地でも寺院の建立と周辺の田畑の開発が可能なのです。

中宮寺については、現在は法隆寺西院伽藍の東に隣接していますが、かつては東に五百メートルほど行ったところにあり、東向きの四天王寺式伽藍配置をした小さめの寺だったようです。奈良時代に作られた『法隆寺伽藍縁起并流記資財帳』によれば、戊午の年に太子が『勝鬘経』の講説をおこなうと、大いに喜んだ天皇が「播磨国佐西地五十万代《しろ》」を「伊河留我《いかるが》本寺（法隆寺）、中宮尼寺、片岡僧寺」に施入したと記されています。「五十万代」というのは誇張過ぎて史実とは考えられません。また、中宮（皇后）であった太子の母、間人皇女が亡くなった後にその宮を中宮寺にしたというのが伝承説であり、間人皇女が亡くなったのは太子が没する三ヶ月前ですので、太子の生前には病気回復や追善のための造寺の誓願はなされたにせよ、建設は始まっていなかったことになります。

（二）　支える氏族

ここで注目すべきことは、発掘された瓦の変遷が示すように、上宮王家に関係する豪族の多くは、仏教の面でも上宮王家と結びついていたことでしょう。太子の若草伽藍や、蘇我氏の同系氏族の寺や、蘇我氏に関係深い氏族の寺が蘇我馬子の支援で建立されたように、上宮王家は力をつけていくにつれ、自らと関係深い氏族が寺を建立できるよう、あるいは追加工事や修理ができるよう技術支援を行ない、また上宮王家に奉仕させていたのです。

中宮寺にしても、創建瓦は若草伽藍の瓦と同笵と推測されるものを含んでいますが、法隆寺にほど近い生駒にあって太子創建の寺の一つという伝承もある平隆寺の瓦と同笵のものが多く、これらは平隆寺に近い今池瓦窯で焼かれた可能性が指摘されています。この推測が正しければ、中宮寺は七世紀の第Ⅱ四半世紀頃の建立ということになり、間人皇女が六二一年、太子が翌年に亡くなってしばらくして造寺が始まったとすると、瓦の年代と合うことになります。

次に、法輪寺は、鎌倉時代の法隆寺顕真『聖徳太子伝私記』によれば、太子の病気平癒を願って山背大兄王と孫の由義（弓削）が推古三十年に発願したとされ、その裏書きには「大施主は、膳后《かしわでのきさき》なり」と記されています。その他にも後代の疑わしい伝承がありますが、太子の妃のうちの一人、膳部加多夫古《かしわでのかたぶこ》の娘である菩岐々美郎女《ほききみのいらつめ》の邸宅を寺としたものであって、膳氏の寺と見るべきでしょう。瓦の年代から判断する限りでは、七世紀の第Ⅱ四半世紀頃であって、同じ時期の山田寺の瓦より若干早い時期と推測されており、金堂の遺構の下にさらに建物の跡があったことが確認されています。

次に法起寺は、『法隆寺伽藍縁起并流記資財帳』では「池後《いけじり》尼寺」と呼び、『日本霊異記』では「岡本尼寺」と呼ばれている寺です。太子が『法華経』講説を行った岡本宮を、太子没後に寺としたものというのが通説です。『聖徳太子伝私記』が引用する「法起寺露盤銘」によれば、太子が亡くなる際、「此の山本宮をそのまま寺とせよ」と命じ、大和と近江の田を施入したため、戊戌年（舒明十年、六三八）に福亮《ふくりょう》僧正が「聖徳（太子）」の追善のために弥勒像を作って金堂を建て、乙酉年（天武十四年、六八五）に恵施《えせ》僧正が太子の御願を果たすために堂塔を建てて完成し、丙午年（慶雲三年、七〇六）に塔に掲げる露盤をつくったとあります。

この露盤銘は問題が多いことで有名です。そもそも、岡本宮は馬子の娘であって太子との間に上宮王家の長となる山背大兄を生んだ刀自古郎女《とじこのいらつめ》が住んでいたうえ、蘇我本宗家が滅亡するのは、太子が亡くなってから二十年以上先のことなのですから、ここを寺にするのであれば、遺命を受けた山背大兄や、刀自古郎女の血族である蘇我氏が関与しないのは不自然でしょう。蘇我氏と上宮王家が疎遠になっていたとしても、財力を有していた山背大兄が立派な寺院に改装できたはずです。あるいは、山背大兄は母が住んでいた邸宅を少し手直しした程度の寺とするにとどめたままでいるうちに、入鹿の軍勢に滅ぼされたということでしょうか。

ここで注目されるのは、蘇我馬子の弟であって蝦夷に殺された境部摩理勢《さかいべのまりせ》の寺と推測されている飛鳥の奥山久米寺の金堂で用いられた瓦が、中宮寺、法起寺、平隆寺で用いられていることです。

宝亀二年（七七一）の『七代記』になると、七寺建立説話が八寺となり、「菩提寺、時人喚《じじんよ》びて橘尼寺《たちばなのあまでら》となす」と記されるように、飛鳥の地にも太子ゆかりという伝承を有する橘寺が登場します。『書紀』によれば、天武九年（六八〇）四月に「橘尼寺」で出火し、十坊を失ったことが記録されており、当時は規模がかなり大きかったようです。伽藍配置は、東向きの四天王寺式という特殊なものであって、中宮寺と一致していることが注目されます。太子誕生の地、また『勝鬘経』講経のところという寺伝がありますが、具体的な状況については不明です。出土した瓦から見て、七世紀前半に小規模な堂が建てられ、七世紀後半に拡張整備がなされたと推定されています。

ここで、太子と関係深い他の氏族の寺を見ておきます。中宮寺のところで触れた平隆寺については、平群《へぐり》氏が誓願して建立したという記録が興福寺に残っているため、太子と関係深かった平群氏が太子の長寿ないし追善のために誓願して建立した寺が、次第に太子建立の寺と伝えられるようになった例の一つと考えるのが自然でしょう。この平隆寺は七世紀前半に建立されたと推測されていますが、飛鳥寺から法隆寺若草伽藍に移動した工人たちが作成した軒丸瓦と同じ型のものが出土しており、それ以後の瓦の中には、中宮寺のものと同笵の瓦が見られますので、上宮王家との関係の深さをうかがわせます。ちなみに、平群神手《へぐりのかみて》は、物部合戦の際、馬子・太子側の一員として軍勢の中に名がみえているうえ、平群宇志《うし》は冠位十二階の小徳を授けられており、太子没後の推古三十一年（六二三）には、征新羅副将軍となっています。

さらに、複雑な関係を示すのが、先にも触れた蘇我氏の同族であって上宮王家と親しかった境部氏の寺と推測される奥山久米寺です。この寺の址からは、飛鳥寺や豊浦寺で用いられた瓦が発見されるだけでなく、四天王寺に瓦を供給した二つの瓦窯、すなわち山背と河内の境にある平野山瓦窯で焼かれた瓦と、豊浦寺の瓦と同系である兵庫県明石市高丘瓦窯で焼かれた瓦が発見されています。この場合は、蘇我氏と上宮王家の両方に結びついていたことになりますが、こうした例は他にもあります。

さらに、斑鳩東南のほど近い地に建立された額安寺は、額田部《ぬかたべ》氏の氏寺であった額田寺と考えられています。額田部氏は、額田部姫王《ぬかたべのひめみこ》と称された推古天皇を養育した氏族であったと推定されている氏族ですが、欽明天皇の頃から新羅使の接待係をつとめていました。推古十六年（六〇八）に隋の使者がやって来た際、海石榴市《つばきのいち》に飾騎《かざりこま》七十五匹を派遣して出迎えた時は、額田部比羅夫《ひらふ》が挨拶役をしており、推古十八年の新羅使来朝の時も比羅夫が飾り馬に乗って出迎えていますので、馬と外交接待を担当していたようです。比羅夫と太子の関係は不明ですが、額田部氏が上宮王家と関係深かったことは、瓦から見て間違いありません。

額安寺境内からは、若草伽藍金堂創建期のものと同じ軒丸瓦が出土しているほか、七世紀後半頃の法隆寺式の瓦も出ており、それ以後の瓦には大安寺と同じものがありますので、上宮王家、そして法隆寺と関係深かったことは間違いないでしょう。興味深いのは、奈良時代に大安寺で活躍した道慈は、この額田部氏の出身であったことです。ただし、『書紀』には額田寺は登場しません。

上宮王家と関係深かった豪族たちは、上宮王家との結びつきによって在地支配の権威を高め、また土地開発を進めたと考えられます。日本に限らず、古代アジア諸国において、仏教の流布は土地開発・支配と結びついていました。

（三）『勝鬘経』『法華経』の講経と三経義疏

推古十四年（六〇六）七月条には、「天皇、皇太子を請《しょう》じて勝鬘経《しょうまんぎょう》を講ぜしむ。三日にして説き竟《おわ》る」とあります。これに続けて、「是の歳、皇太子、亦た法華経を岡本宮に講ず。天皇、大いに喜び、播磨国の水田百町を皇太子に施す。因りて斑鳩寺に納む」と記されています。この年、太子は三十三歳。

『法華経』の講経記事に「是の歳」とあるのは、元の資料には「推古天皇の御代に」などとあるのみで、年月日の記録がなかったため、関連する記事の末尾に付したことを示しています。実際に同じ年になされたのでないことは、言うまでもありません。「百町」という数字がどれだけ史実を伝えているかはともかく、播磨には法隆寺の所領と秦氏の所領があったことは事実ですので、推古天皇の布施に関する記述は信頼して良いと思われます。そうした布施がなされたのは、推古天皇の「奉為《おんため》」を祈る講経だったためでしょう。岡本宮でなされたとなれば、推古天皇が「請」じておこなった『勝鬘経』の時とは違い、天皇は聞いていないことになります。

講釈された『勝鬘経』は、国王の妃である勝鬘夫人《しょうまんぶにん》が仏を讃えてその教えを説くと、仏が出現してその正しさを証明してくれたという大乗経典であり、すべての人は仏の智恵である如来蔵を有しているとする如来蔵経典です。多くの研究者が指摘しているように、女帝である推古天皇の前で講義するには最適の経典と言えましょう。『法華経』も東アジアできわめて人気のあった大乗経典です。

この講経記事については、疑う研究者もいますが、先に触れたように、梁の武帝などは、家僧の指導を受けつつ『大品般若経《だいぼんはんにゃきょう》』や『涅槃経』を講義し、注釈まで著していました。『文選《もんぜん》』を編纂させたことで知られる皇太子の昭明太子（五〇一〜五三一）も、常に仏教経典の講義をしていたうえ、難解な教理について学僧たちと直接、あるいは書簡を通じて論議していました。

唐の道宣が編集した『広弘明集《こうぐみょうしゅう》』は、昭明太子と学僧たちのそうしたやりとりの書簡を多数収録しており、当時の状況がうかがわれます。梁代の三大法師の一人であって、三経義疏中の『法華義疏』の種本である『法華義記』の著者、光宅寺法雲は、二諦《にたい》説に関してやりとりした際、昭明太子に次のように返事をしています。「殿下は、生知（生まれながらの知恵）と優れた見識を持っておられ、その解釈は深遠なものです。論じ方も実に素晴らしく、凡俗を超えているため、議論のやりとりをするたびに、聞いている人々はすっかり心酔させられてしまいます。天の神々もみな素晴らしいとほめたたえ、帝釈や梵天が讃嘆のために天の華を雨降らすほどでございます」（大正五二・二四七中）。

仏教を信奉する貴人には、このように絶讃するのが礼儀なのです。これを一歩進めれば、「天が華をふらせるという奇跡が起こった」という話になるでしょうが、この程度の話なら、権力者や著名な宗教者については周囲が意図的に、時には当人が流すことも、歴史上よくあったことです。室町時代に活躍した一休にしても、明るい頓知小僧のイメージは後代になって作られたものとはいえ、強烈な諷刺を好み、奇矯な振舞いで知られて畏敬されていたことは事実であり、生きているうちから虚実をおりまぜた逸話が広まっていました。

昭明太子の場合も、幼い頃からいろいろな逸話が生まれるほどの秀才であったうえ、すぐれた学者たちに学びながら育ったため、一流学者に匹敵する見識を持っていました。また、自ら『涅槃経』『大品般若経』『金光明経』などを講義し、その注釈を周辺諸国に下賜するなど、仏教を広めていた「皇帝菩薩」武帝の後継ぎになるには、自らもそうした能力を見せる必要があったでしょう。

自ら講経をおこなった知識人の武帝や昭明太子は例外ですが、廃仏を実施した周王朝に代わって隋を起こし、仏教を復興させた文帝も、またその皇子たちも、著名な学僧を招いて講経をおこなわせていました。これは信仰熱心で教養があることを示すための行為でもあったのです。当時、南北朝で人気があった経典は、『涅槃経』四十巻（南朝編集本は、三十六巻）、『大品般若経』二十巻、『法華経』七巻、『維摩《ゆいま》経』一巻、『勝鬘《しょうまん》経』一巻などでした。

『涅槃経』はすべての人が仏性《ぶっしょう》を有していることを強調した経典ですが、長いため、短い経典で代用するとなると、同様の主張を展開している『勝鬘経』ということになります。その『勝鬘経』の注釈であって太子の作と伝えられてきた『勝鬘経義疏』は、『法華義疏』『維摩経義疏』とセットで三経義疏と呼ばれてきました。中でも、『法華義疏』は太子の真筆とされるものが残っており、古い時代の書体を伝える貴重な資料となっています。『法華義疏』を含め、明治初期に困窮していた法隆寺が皇室に献上した宝物の多くは、後に国家の所管に移行されたものの、『法華義疏』はそのまま天皇家の手許に残されて御物となり、現在は宮内庁が国宝として管理しています。

冒頭で「此は是れ大委（倭）国上宮王の私集にして、海彼の本に非ず」と書かれている『法華義疏』を筆頭とする三経義疏については、その独自な解釈、中国の諸注釈との同異に関する研究のほか、太子撰述を疑う立場での研究、『法華義疏』の書体に関する研究など、実に様々な視点からの論文が多数書かれています。

その研究水準を大幅に高めたのは、初めは太子撰述を疑いながら研究を始めた花山信勝でした。花山は、次第に太子撰述を確信するようになり、昭和八年（一九三三）にきわめて厳密な文献研究である『聖徳太子御製法華義疏の研究』を刊行して翌々年に学士院恩賜賞を受賞しました。また、昭和十四年（一九三九）には『勝鬘経義疏の上宮王撰に関する研究』を刊行しています。この二書では、内容を詳細に検討して、『法華義疏』が「本義」と呼ぶ梁の光宅寺法雲の『法華義記』との同異をこれまで以上に明らかにするとともに、漢字や術語の誤りを指摘し、日本で太子が書かれたものと論じました。

ただ、国家主義的な太子礼賛の風潮の中での研究であるため、花山は『聖徳太子御製法華経義疏の研究』では、太子が師事した高句麗僧の慧慈と太子の親密な関係を強調しておりながら、『法華義疏』について「朝鮮人の作と考えられぬこともないが、『義疏』の中に現われている御精神がそれを許さぬ」などと述べていました。

以後も、多くの研究者によって、三疏すべてを太子の作、あるいはすべて後代の作と見る説や、太子は監督しただけで朝鮮からの渡来僧たちが書いたとする説、あるいは、種本を「本義」と称さない『維摩経義疏』だけは体裁や思想系統が違うので太子没後の作とする説など、様々な説が出されています。『法華義疏』本体についても、太子の自筆と見る説や、太子周辺の者が書写したとする説などがあり、論争が続いています。

こうした中で衝撃を与えたのが、『勝鬘経義疏』に非常によく似た敦煌写本の出現です。それは『勝鬘経』の注釈の断片なのですが、『勝鬘経義疏』と七割ほどまで一致しており、『勝鬘経義疏』独特の解釈と言われてきた解釈も、かなり記されていました。敦煌文書研究の世界的な第一人者であった京都大学人文科学研究所の藤枝晃教授がひきいる敦煌研究班に所属していた古泉圓順氏が発見し、以後、古泉氏と藤枝氏とが研究を進めたのです。

岩波書店の日本思想大系が刊行されるにあたり、その第二巻として昭和五十年（一九七五）に刊行された『聖徳太子集』では、藤枝氏が『勝鬘経義疏』の校訂と解説を担当しました。その解説において、氏は、『勝鬘経義疏』は敦煌写本の元になった注釈を略抄した中国北地の二流の文献であり、遣隋使が持ち帰ったものを、講経の際に太子が読み上げたにすぎず、それがやがて太子の作とされるようになったと論じました。

このため大論争が起こりましたが、金治勇はすべて太子作とする立場を強調し、『法華義疏』の本義として確定していた光宅寺法雲（四六七～五二九）の『法華義記』に加え、『勝鬘経義疏』は荘厳寺僧旻《そうみん》（四六七～五二二）の『勝鬘経』注釈、『維摩経義疏』は開善寺智蔵（四五四～五二二）の注釈に基づくと論じました。この三名の僧は、梁の三大法師と称され、いずれも『成実論《じょうじつろん》』を基本としていて「成実師」と呼ばれた学僧たちです。『勝鬘経義疏』に関することの推測は、近年、トヨクから出土した『勝鬘経』注釈の写本のうちに僧旻の説が見られることが発見され、その写本の方が、『勝鬘経義疏』に近いことによって確定しました。つまり、江南の梁の注釈が北地にもたらされ、それを略抄した注釈が敦煌に写本で残されていたことになります。

三経義疏については、筆者は森博達氏や筆者自身を初めとする変格漢文研究の成果と、仲間たちで開発したＮＧＳＭと称するコンピュータによる比較分析法を用いて検討したところ、三疏とも冒頭から変格漢文が続いているうえ、いずれも法雲『法華義記』の言い回しが目立ち、語法がきわめて良く似ており、異質と言われた『維摩経義疏』も例外でないことが分かりました。これほどの類似は、同じ著者か、師の文体が体にしみこんでしまった弟子くらいでないと、考えにくいものです。しかも、平安時代の物語のようにうねうねと続く長い文が目立ち、そうした部分は、漢文らしい簡潔な文体で書かれた敦煌写本とは、まったく異なっていました。

つまり、元になった中国の注釈を略抄し、ところどころに変格漢文で自分の意見をはさむという形で書かれているのであって、『勝鬘経義疏』であれば、「私意、少しく異なれり（私の考えは、ちょっと違う）」などといった形で自分の意見を遠慮がちに述べるのです。注釈を作る際、先行する一つの、あるいは複数の注釈を略抄して自分の本を作るのは、隋唐でも新羅でも普通に見られることであり、三論宗の吉蔵のような学僧でも、半分くらいは略抄である注釈がありました。また、略抄してコメントをはさむというのは、当時における普通の勉強の仕方でした。ただ、「私意少異」などの表現は、現存する中国や朝鮮の注釈には見当たりません。

率直に言ってしまうと、三経義疏は、七世紀初めの長安や洛陽の一流の学僧の注釈と比較すれば、時代遅れの古い注釈を種本とし、思考力は非常にすぐれているものの仏教の素養が十分でない人が書いた、素人くさい表現が目立つ、変格漢文の注釈ということになります。特に、『法華義疏』と『勝鬘経義疏』はそう言えます。ただ、自問自答を粘り強く展開している部分が見られ、時に独自のすぐれた解釈が含まれていますので、七世紀前半の日本で書かれたとすると、画期的な文献と言えましょう。

三経義疏で重要なのは、講経がおこなわれたとしたら、そのための手控えが必要となりますので、三経義疏、ないしその草稿は、そうした手控えとして利用された可能性があるということです。ここまで三経義疏にはいかに和風な変格漢文が多いかを指摘してきましたが、このことは、言い換えると、その講経が日本語でなされたこと、つまり、経典に対する検討が日本語でなされ、日本語で考えられたことを意味します。術語は百済語訛りの中国音で発音したにせよ、文章の関係を示す助詞の部分は日本語ですし、ある程度は漢語の仏教用語を日本語で言い換えることもしたでしょう。これは、訓読調による日本語の誕生にほかなりません。太子以前から、儒教の文献でも仏教文献でも、返り点方式でなく、上から直読しながら「が」「して」「で」「なり」といった補助的な言葉を付けていく朝鮮諸国の訓読法を真似る形で、そうした試みはなされていたでしょうが、本格的な講経がなされれば、そうした表現が発展することになります。講経および注釈は、漢語をおりまぜた日本語を生み出す努力をともなっていたはずです。

現段階では、太子の作と断定することはできませんが、上で述べたように長くうねうねと続く文体の部分があることを見る限りでは、日本人が書いているように思われます。また、用いている紙については、隋の紙とする見解がありました。そうした紙は、当時にあっては非常に高価な存在です。そのような貴重な紙を使って、『法華義疏』四巻、『維摩経義疏』二巻、『勝鬘経義疏』一巻、計七巻もの著作をなしうる身分の人は限られるでしょう。現在のところ、筆者は、三経義疏は、太子が百済ないし高句麗の僧から種本となった注釈の講義を受け、その注釈を略抄しながら自分の意見を加えていった、といった状況を想定しています。

三経義疏については、帰国する慧慈が高句麗に持って帰ったという伝承があります。これが事実であれば、講経して注釈を作り、諸国に下賜した梁の武帝にまさにならおうとしたということになるでしょう。津田左右吉は、太子の講経の記述は、講経して注釈を著した梁の武帝などを手本として編者が作文したものと見たのですが、実際に武帝を真似ようとしていた可能性が高いのです。

太子の見識を示すものとされてきた『法華義疏』と『勝鬘経義疏』の「本義」批判については、著名な学僧と論争した昭明太子などにならったと見ることもできます。批判の内容は独自であるにせよ、そうした批判をすること自体は、手本を真似たものだったのです。ちなみに、『法華義疏』の冒頭に書かれた「此は是れ大委（倭）国上宮王の私集にして、海彼の本に非ず」

という部分は、奈良初期頃に別筆で書き込まれた別紙を貼り付けたものと思われます。「海彼の本」とあるうちの「本」は、書物という意味ではなく、推古十四年（六〇六）五月条が大きな仏像を作る際の小型のひな形を「仏の本《ためし》」と述べているのと同様の意味であって、『法華義疏』と『勝鬘経義疏』で「本義」と称しているような、手本となる中国の文献ということです。

「私集」の「集」は、先行の書物から抜き書きして編集したという意味です。ただ、三論宗の吉蔵のように多くの注釈を略抄して編集しているのではなく、『法華義疏』と『勝鬘経義疏』の種本は一つであって、他にもう一部、別な注釈を参照しているかどうかといった程度です。『維摩経義疏』は、「本義」と称しておらず、複数の注釈を見ています。

いずれにせよ、百済や高句麗で出来た注釈を太子の注釈だと称したら、内外でいずれ噂が流れるでしょう。一方、日本で作成されたなら、外国の僧侶の指導を受けたとしても太子の作となります。ただ、何人もで執筆したのでないことは、三経義疏における語法の類似からも推察されます。三経義疏の成立順序と年代については、太子伝に書かれていますが、信用できないものばかりですので、ここでは取り上げません。

三疏すべてに見られる特徴としては、一般の人々が経文を誤解することを非常に心配していることがあげられます。つまり、経典がこう述べると、人々がこれこれだと誤解するかもしれないため、その後でこれこれと説いたのだ、といった説明が目立つのです。

一方、衆生《しゅじょう》（人々）の修行に期待する面がある法雲の『法華義記』と違い、三経義疏では、衆生の努力は考慮されておらず、菩薩が身を投げ出してまで衆生を救うという点だけが強調されています。これは、「君・臣・民」という構造になっていて、「仏・菩薩・衆生」というあり方と対応していることが指摘されており、臣が民のことを上の立場からいたわる面だけが説かれている「憲法十七条」と同じ傾向です。

ただ、三経義疏は変格漢文が目立つとはいえ、「憲法十七条」および変格漢文で書かれた『書紀』β群の諸巻に多数見られる「之」を文の中止・終止の形で用いる用法が、まったく見られません。これは、文体面での重要な違いです。「憲法十七条」と三経義疏を同じ時期に同じ人が書いたとは、とうてい考えられません。

個々の疏で注目されることの一つは、『法華義疏』において父と子の関係が強く意識されていることでしょう。『法華経』はもともと、小乗仏教の者たちを家出してさすらっている息子にたとえ、一乗を説く釈尊を父になぞらえて、その息子と父の再会を描くという面がある経典ですが、『法華義疏』は他の中国の『法華経』注釈以上にこの問題にこだわっているように見えます。

『維摩経義疏』で目立つのは、菩薩は地上の衆生を自らの仏国土とするという経文に異様な関心を寄せ、変格語法だらけの文章でこの問題について他に例がないほど詳細に論じていることです。また、『維摩経義疏』は冒頭の部分で、仏国品の経文を解釈する際、「紹隆三宝、能使不絶」という個所について「此の句は、上は仏道を弘むることを明かす（此句明上弘仏道）」と述べ、「降伏魔怨、制諸外道」という文について、「此の句は、下、蒼生を化するを明かす（此句明下化蒼生）」と述べている個所が注目されます。つまり、三宝を興隆して絶えないようにするという経文は、仏教を広めるということを説いており、魔や敵を屈服させ、もろもろの外道を制圧するという経文は、人々を教化することを説いていると解釈するのです。これはきわめて特殊な解釈であり、仏教のことを悪者どもを屈伏させる手段と見ていたことを示します。

一般には、「上求菩提《じょうぐぼだい》、下化衆生《げけしゅじょう》」というフレーズで知られていますが、本義である梁の法雲の『法華義記』には「初三句、明上弘仏道。開悟衆生一句、明下済蒼生」とあります。その梁の仏教を手本とした百済では、六三九年に百済王后が弥勒寺に舎利を奉納した際の金製の舎利奉安記において、百済王后がこの功徳によって百済王が「上弘正法、下化蒼生」するよう願っていました。サットヴァ（sattva 生きもの）の訳語である「衆生」を用いず、王者が統治する対象としての人々を指す「蒼生」の語を用いたのは、法雲の言い回しに従ったためでもあるでしょうが、百済国王という立場を考慮してのことと思われます。それと同じような用法が、太子の作とされる『維摩経義疏』には見られるのです。

なお、中国北地の西端である敦煌の写本に江南の注釈を略抄した写本が含まれていたことが示すように、仏教文献は南北の間で移動していましたが、六世紀における北地仏教の主流は『十地経論《じゅうじ》』を基調とする地論学派です。地論学派の研究は、敦煌写本や日本・韓国の文献の活用によってこの二十年ほどで飛躍的に進展しており、筆者自身、この面の研究に従事してきた数人のうちの一人です。三経義疏は、やや新しい教学も入っている可能性がある『維摩経義疏』も含め、あくまでも江南の成実師の教学が基本となっており、地論学派の影響はほとんど見られません。一方、高句麗は、中国北地に使節や留学僧を送り、地論学派の教学の導入に努めていました。このことは、慧慈の学問の背景を考えるうえで重要です。ただ、高句麗は二重外交をしており、隣接する北朝に朝貢すると同時に、南朝の梁にも頻繁に使節を送って朝貢していましたので、南地の教学も入っていた可能性はあります。

筆者は、三経義疏は、梁の三大法師の注釈だけでなく、それらの注釈に基づいた陳代の注釈を利用している可能性もあると考えています。ただ、その三大法師などを乗り越える形で登場してきた隋の三大法師、すなわち、北地で活躍した地論学派の浄影寺慧遠《じょうようじえおん》（五二三〜五九二）、江南の天台智顗《ちぎ》（五三八〜五九七）、江南から長安に移った三論宗の吉蔵《きちぞう》（五四九〜六二三）の教学は、まったく用いていません。なお、御物本の『法華義疏』については、筆写したのは太子自身ではなく、書の名人であって仏教には詳しくない儒教系の臣下ではないかと筆者は考えています。

『勝鬘経』と『法華義疏』の撰号は「上宮王」であるのに対し、三経義疏中で最も遅い成立と思われる『維摩経義疏』は「上宮皇」となっています。太子没後すぐの成立である釈迦三尊像銘が「法王大皇」としているのと重ね合わせると、太子の後半生には、当人および周囲の人たちが「皇」の文字を使っていた可能性もあります。

（四）　壬生部の設置

推古十五年（六〇七）二月庚辰の朔には、壬生部《みぶべ》が定められています。この年、太子三十四歳。それまでは、皇子や皇女については、特定の集団（部《べ》）が指定され、乳母を出すなどを含め養育を担当していました。このため、皇子や皇女は、その集団の名で呼ばれることが多かったのであって、そうした部が名代《なしろ》氏族と言われるものです。ところが、推古十五年にいたって、壬生部（乳部）という統一した制度が作られました。

これは、むろん、太子や太子の子などを意識したものでしょう。実際、皇極元年には、蘇我入鹿が「上宮の乳部の民」を集めて父の蝦夷の墓と自分の墓を並べて作らせたため、春米女《つきしねのひめ》王《みこ》と推測される「上宮大郎女姫王《かみつみやのおおいらつめのひめみこ》」が怒り嘆いたとあるほか、皇極二年に見える蘇我入鹿の山背大兄一族滅亡記事では、三輪文屋君《みわのふみやのきみ》は山背大兄に「深草の屯倉《みやけ》に逃れ、そこから馬に乗って東国に至り、乳部を本として軍勢を集め、戻ってきて戦えば、勝つこと疑いありません」と勧めています。つまり、山背大兄は、直轄地や相当な勢力の乳部集団を各地に持っていたのであって、山背大兄も太子同様に乗馬が得意であったことが察せられます。実際、播磨や信濃には上宮家と関係深い馬を養う氏族がいたことが知られています。

そうした乳部の多くは、太子の所有分を受け継いだものでしょうが、斑鳩宮移住の二年後に壬生部が制定されたのは、少年となっていた山背大兄を考慮してのことであったとも考えられます。つまり、皇子としての扱いであって、これは太子を天皇に準ずる存在として扱うことを意味します。これはあくまでも推測にとどまりますが、『書紀』中で六世紀から七世紀にかけて大兄とされている人のうち、皇子でないのは山背大兄だけであることは無視できません。賢人登用を説いた太子は、長男のことをどのように見ていたのでしょうか。

（五）　神祇信仰の変化

『書紀』では、推古十五年二月戊子《つちのえねのひ》（九日）に、天皇は神祇礼拝の詔を発したと記されています。その内容をまとめると、「先祖の天皇たちは、世を治めるにあって、篤く神祇を敬い、あまねく山川を祀りました。そのため、世の中はうまく動いていました。今、私の代になって神祇を祭祀することを怠ることがありましょうか。ですから、群臣たちよ、心を竭《つく》して神祇を礼拝しなさい」ということになります。そこで、甲午（十五日）に、「皇太子と大臣、百官を率いて神祇を祭拝」したとあります。

これについては、事実とみなし、神祇を尊重していた推古天皇は、仏教ばかり推進する政策を不満に思い、伝統に復帰させようとしたと見る説もありますし、仏教関連記事ばかりが続くため、『書紀』の編者が神祇尊重記事を作って挿入したと見る研究者もいます。ともかく、文章を検討してみましょう。後半の「故群臣共為竭心、宜拝神祇」という文章は、『毛詩』や『尚書』など中国文献の文句をちりばめているものの、変格漢文になっているからです。

まず、「宜」は動作全体にかかるため、「共為竭心」の前に置くべきですし、「共為竭心」というのも妙な文です。「為」は「為《ため》に」と訓まれていますが、この文脈だと「為（我）」であって「我が為に」の「我」を略した形と考えられます。しかし、天皇のために神祇を礼拝するというのは、日本の伝統的な信仰形態ではありません。仏を礼拝してその功徳を天皇に回向するという図式を、神祇に置き換えたものと考えられます。ですから、この記事をもって伝統的な神祇信仰への復帰とすることはできないのです。

あるいは、「（我が）為に」は私に代わっての意かもしれませんが、皇太子・大臣が百官を率いて天皇に代わって集団で山川や神祇を礼拝した記事など、『書紀』にはありません。推古紀にしても、七年（五九九）四月に地震が起きて建物がほとんど壊れたため、「四方に令して地震の神を祭らしむ」とあり、地方に命令して各地で地震の神を祭らせているものの、中央での群臣たちによる集団礼拝ではありません。『論語』は、「其の鬼《き》に非《あら》ずして之《これ》を祭るは諂《へつら》うなり」と説き、自分の祖先でもない死者の霊をまつるのは、権勢のある人にへつらうことだと断言していますので、祖先の霊の礼拝としても不自然です。

また、「竭心」は「心をこめて、全身全霊で」の意ですが、この文脈では理解しがたい表現です。『書紀』では用例は、雄略二十三年八月、臨終に望んだ雄略天皇が、集まってきた群臣たちに対して「何ぞ心府を罄竭《きょうかつ》して、誠勅すること慇懃ならざらんや（何不罄竭心府、誠勅慇懃）」と述べ、どうして心をつくして丁寧に最後の教誡をしなくて良いだろうか、と述べたという個所だけです。中国でも、主要な古典では「竭心して～を祭った」という表現は見当たりません。

いずれにせよ、年代はともかく、この記事の内容が事実だとしたら、仏教の影響を受けた新しい形での神祇礼拝がなされたことになります。そうであれば、制度改革の一端として理解できます。仏教が導入された中国周辺の国では、中国の習慣の影響も強まり、王の祖先を祭る宗廟の建設と祭祀、律令の制定や制度の改革、歴史の編纂などが行われています。倭国の場合、天皇家の祖先は天の神とされていたのですから、祖先として天（神）を祭ることは、仏教と矛盾する行為とは思われなかったでしょう。また、推古紀以前には「山川を祀る」という表現が見られないことからすると、天候不順に際して中国流の山川祭祀を導入しようとしたことも考えられます。

なお、『書紀』の用明即位前紀では、太子の父である用明天皇のことを「仏法を信じ、神道を尊ぶ」と述べていることが注目されます。仏教・儒教などと並ぶ宗教体系としての「神道」という概念は奈良時代にはまだありませんので、ここで言う「神道」は、太陽のことを「お天道さま」と呼ぶようなものであり、実際には神（々）のことを指すと見るべきでしょう。

（六）　隋および朝鮮諸国との外交

新羅との対立関係の中で模索されたのが、隋との外交です。『書紀』には見えませんが、境部臣が新羅と戦ったとされる推古八年（隋の開皇二十年、六〇〇）に倭国が隋に使者を派遣し、文帝に謁見したという記事が『隋書』倭国伝に見えています。文帝が担当の役人に命じて風俗を尋ねさせると、使者が常識はずれのことを答えたため、文帝があきれ、教えさとして改めさせた、とする記事です。あまりにも有名な記述ですが、訓読文をあげておきましょう。

開皇二十年、王、姓は阿毎、字は多利思比孤、阿輩鶏弥と号するもの、使を遣して闕《けつ》（宮殿）に詣《いた》る。上（皇帝）、所司に其の風俗を訪わしむ。使者言う。「王は天を以って兄と為し、日を以って弟と為す。天未《いま》だ明けざる時、出でて政《まつりごと》を聴き、跏趺《かふ》して坐す。日出ずれば便《すなわ》ち理務を停め、『我が弟に委ねん』と云う」と。高祖曰く、「これ太《はなは》だ義理無し」と。是《ここ》において訓《おし》えて之を改めしむ。王の妻は、鶏弥《きみ》と号す。後宮に女六、七百人有り。太子を名づけて利（和）歌弥多弗利と為す。城郭無し。内官に十二等有り。一に曰く大徳、次を小徳、次を大仁、次を小仁、次を大義、次を小義、次を大礼、次を小礼、次を大智、次を小智、次を大信、次を小信。員に定数無し。

王の名についてはいろいろな訓み方が提唱されていますが、当時の日本の王者を指す一般名詞である「あめたりしひこ」と、そうした貴人を敬って呼ぶ語としての「おおきみ」に当たると見るのが無難でしょう。いずれにせよ、「あめ（天）」を姓、「たりしひこ（足彦／垂彦）」を名、「おおきみ（大君）」を号とするなど、中国の習俗に合わせて強引に理解していることが知られます。後半で触れられている十二の官位は、推古十二年（六〇四）施行の冠位十二階のことであるため、推古八年の使者の言葉は、「城郭無し」までか、その前の「太子を名づけて利（和）歌弥多弗利と為す（太子のことを「わかみたふり」と呼ぶ）」までということになるでしょう。こちらも、冠位十二階の「徳・仁・礼・信・義・智」と違い、通常の「仁・義・礼・智・信」の順序で記すなど、中国の常識を優先させて書き改めていることが知られています。王の妻の名は「きみ」であると書くなど、ここでも名前と敬称の混同が見られます。

この使節については、九州あたりの豪族が派遣したものと見た本居宣長以来、王が男性であるのだからそれは聖徳太子だとか馬子だといった説を初め、様々な主張がなされてきました。唐の杜佑《とゆう》が貞元十七年（八〇一）に完成させた『通典《つてん》』が、「阿毎多利思比孤」について「華には『天児』と言うなり（中国では「天の児」と言う）」と述べ、「天子」と書いていないのは、天命を受けて天下を統治する「天子」としての中国皇帝とは違い、文字通りの「天の子」という伝承に基づく呼称であることを示すためでしょう。

議論の多い「王は天を以って兄と為し、日を以って弟と為す」という部分について、石井正敏氏は、天照大神と素戔嗚尊《すさのおのみこと》の神話を連想させるため、建国事情の説明が上手く伝わらなかった可能性を指摘しており、筆者もそう考えます。古代日本では、「兄《え》」は男女の区別なく、年長者の意味で用いられていたことを考慮すると、「天の日を以て兄《え》と為す」といった類の表現が漢文で「以天日為兄弟」と記され、それがどこかの段階で、慈悲に富んだ父母を「慈悲父母」と記さずに「慈父悲母」などと互文の形で表現するように、「以天為兄、以日為弟（天を以て兄と為し、日を以て弟と為す）」と受け止められたか、書き改められたのではないかと思われるのです。「天の日を以て（男女を含めた）兄弟と為す」であれば、太陽神である天照大神と弟のスサノオ神に関する神話の原型のようなものが語られたことになりますが、これはあくまでも推測にとどまります。

「跏趺して坐す」は、結跏趺坐のこととしか考えられないうえ、「跏趺而坐」は仏典の決まり文句であって、中国の古典には見えません。仏教熱心な皇帝でも、結跏趺坐したまま報告を聞いたり、訴えを聞いて判断を下したりした例は見当たりません。ただ、政務の合間に禅定を修した例は中国でも稀に見られますので、「跏趺して坐す」は、政務の合間に禅定に努めていたということが誤解された可能性もあります。あるいは、弥勒菩薩の半跏思惟像のような坐り方をして政を聞いたことを、「跏趺して坐す」という表現にしたのかもしれません。

「天いまだ明けざる時、出でて政を聴き、跏趺して坐す。日出れば……」とあるのは、夜間に行われることの多い神事や儀礼などの説明が、日頃の政務のとり方と混同されるなど、何かしらの誤解があるものと考えられます。

そもそも、『隋書』倭国伝が誤解と誇張に満ちていることは、「後宮に女六、七百人」とあることからも知られます。そんな大規模の宮殿は、古代日本では建てられたとする記録がなく、遺跡が発掘されたこともありません。ちなみに、日本では多数を表す語としては「八十《やそ》」や「八百《やお》」などが有名であるのに対し、インドでは「五百」がそうした数字の一つであって、仏典では多くの后や王子を「五百」とする表現が頻出します。「六百」「七百」などの数字も多数を表すために良く用いられますが、「六七百」という表現は定型にはなっていません。「六七百」という表現がしばしば見られるのは、実は『漢書』その他の中国の史書です。そのことを考慮すると、この数字は、倭国の使者が、おおきみの宮には「八百（多数）」の男女が奉仕しているなどと述べたのを、『隋書』の編者、ないしその素材となった資料の書き手が、「後宮に女、六七百有り」とした可能性が高く、数字そのものを史実と見る必要はないことになります。

「太子を名づけて利（和）歌弥多弗利と為す」については、平安時代に男子の皇族を「わかんどおり」と呼ぶ例があることが示すように、倭国では太子のことを「わかみたふり」と呼んでいる、ということだと見るのが通説です。

以上のことから見て、『隋書』倭国伝の記述は、一部分は事実を伝えつつも、はなはだ混乱した書き方をしていると言わざるを得ません。ただ、推古十二年（六〇四）以後、推古朝が様々な改革を矢継ぎ早におこなっていることや、推古十五年（六〇七）における小野妹子の隋への派遣、翌年の隋使裴世清をともなっての帰国とその接待ぶりなどを見る限り、推古八年(六〇〇)の隋への遣使は事実であって『書記』が記さなかった可能性が高いと思われます。

次に、推古十五年(六〇七)七月には、大礼の位にあった、あるいは派遣にあたって大礼に昇進させた小野妹子を遣隋使とし、鞍作福利《くらつくりのふくり》を通訳として隋に派遣します。この時の遣隋使は、隋に対して対等の立場に立つ大胆な国書を呈したことで有名です。『書紀』は常に「大唐」と書いていますが、実際には隋です。『隋書』東夷倭国伝によれば、使者は、「聞く、海西の菩薩天子、重ねて仏法を興すと。故に遣《や》りて朝拝せしめ、兼ねて沙門数十人来たりて仏法を学ばしむ」と派遣の意を言上したものの、後で国書を見た煬帝は、「日出ずる処の天子、書を日の没する処の天子に致す。恙《つつが》無きや」などと述べているのを見て怒り、「蛮夷の国の書に無礼なものがあったら、今後は奏上するな」と命じたことで有名です。

「菩薩天子」が「重ねて仏法を興す」とは、建徳三年(五七四)と同六年(五七七)に廃仏をおこなって寺や仏像を破壊し、大量の僧尼を還俗させた北周に代わって、外戚として実権を握っていた楊堅が開皇元年(五八一)に隋を建国して文帝となり、精力的に仏教復興に努めていたことを背景としたものです。「重興仏法」という言葉は、実際に文帝について使われています。遣隋使が来る三ヶ月前に即位した煬帝も、仏法興隆に努めましたが、後には寺院統制をやっています。

次に「日出処」という語については、倭国以前に中国への国書で使っていた国がありました。

梁の武帝の七男であって後に元帝として即位する蕭繹《しょうえき》が、武帝のもとに朝貢してくる諸国の使節の姿を描かせ、説明を付した『梁職貢図』の模写本にそうした用例が記されていたのです。その模写本を発見した趙燦鵬《ちょうさんほう》氏の報告によると、梁の普通元年（五二〇）に西域のタジキスタン近辺の胡蜜檀《こみつだん》国の国王が送ってきた国書では、武帝に対して「揚州の天子、日出ずる処の大国の聖主」と呼びかけていました。そして、仏教信者と思われる胡蜜檀国の国王は、それに続けて「遥かに長跪《ちょうき》合掌し、作礼すること千万なり」と述べており、武帝に対して遠方から仏教風な礼拝をくり返しおこない、非常に敬っていることが示されていました。江南の梁は、西域から見て「日出ずる処の大国」とされ、仏教信仰で有名な「天子」である武帝は「聖主」と呼ばれていたのです。まさに「皇帝菩薩」という扱いです。ただ、胡蜜檀国は、中国周辺の国と違い、正式に朝貢して官位をもらったり王号を認めてもらうなどのことはしていません。遠く離れた仏教仲間の国として梁を敬い、交流しようとしたのです。

　天下の中心を自負する中国は、その冊封体制に入ろうとする近辺の国に対しては、擬制的に臣下とみなし称号を与えてその地方支配を認め、様々な品物や技術を下賜する一方で、中国の年号や暦や度量衡を使うよう要求し、定期的な朝貢を求めたものの、あまりに遠方の国については、敬意をもってたまに使節を送ってくれれば良いという扱いにしていました。このため、胡蜜檀国は仏教を通じてそうした関係で交流を増そうとしたと考えられます。当時、仏教外交は非常に盛んでした。

推古十五年当時の倭国は、自らを周辺諸国から朝貢される小中華とみなしており、隋との外交においても百済・新羅・高句麗などより格上の存在でいたかったようですので、かつての倭国が南朝の宋に朝貢し、「安東将軍、倭国王」とか「都督倭・百済・新羅・任那・加羅・秦韓・慕韓七国諸軍事、安東大将軍、倭国王」といった称号を認めてもらおうとしたような外交はせず、胡蜜檀国の対応をさらに強めたような外交を目指したのでしょう。そうした方針をとった理由の一つは、漢人による南地の文化国家であって百済が朝貢していた梁や陳と違い、隋は北方民族が建国した北朝の国が南地まで進出してきたもの、とみなされていたことがあげられるかもしれません。

高句麗との戦いに苦しめられていた百済は、隋が天下を統一して強大さを示すとすぐ朝貢して高句麗征討を願い出ますが、はるか遠方の島国であって周辺諸国に朝貢させていると自負していた倭国では、そこまでの緊迫感はなく、文化導入の必要性を感じつつも、隋の冊封体制に組み込まれていた百済や新羅を上回る格での外交を通じて、必要なものを手にいれようとしたのではないでしょうか。

ただ、国力が盛んであった隋に対して、対等の立場で国書を送るというのは、危険な試みであったように思われます。国内の統一を果たしていたものの、それまで衝突していた強力な突厥や高句麗などを押さえねばならない隋は、倭国を討伐する水軍を送ることはありませんでしたが、推古十五年の頃の倭国がそうしたことまで考慮した外交をおこなっていたと見るのは、行きすぎと思われます。遠い島国であり、たまたま時期にもめぐまれていたという面も無視できないでしょう。

ともかく、文帝は無礼として怒りながらも裴世清を「宣諭」の使い、つまり礼儀を知らない未開国を教え諭す使節を派遣し、返書を送りました。大変なもてなしを受けつつ飛鳥までやってきた裴世清は、推古十六年（六〇八）八月に国書を奉呈しており、その儀式に関する記述と国書の内容は非常に興味深いものです。『書紀』は、宮中の庭に隋からの贈り物を並べ、国書を手にした斐世清が再拝し、使いの旨を言上して国書を奉呈すると阿倍臣が受け取り、それをさらに大伴嚙連《おおとものくいのむらじ》が受け取って王の前に置かれた机の上に載せて奏上した、として終わっています。裴世清は、天皇から遠い庭に立つのみであるように見えます。

その国書は「皇帝、倭皇を問う」で始まり、自分は天命を受けて天下を治めていると誇り、倭国は海のかなたにありながら「朝貢」して来たため、その真心を嬉しく思い、斐世清を派遣して「往意を稍宣（派遣の意図を述べ）」させ、贈り物をする、と述べて終わっています。つまり、隋としては倭国が「朝貢」してきたものとみなし、その忠誠心をほめるという形です。「倭皇」とあるのは、本来は「倭王」とあったのを『書紀』の編者が書き直したものであって、「朝貢」という言葉は訂正しそこねて残ったものと推定されています。「稍宣」については、『善隣国宝記』によって「指宣（しめしのべる）」に改めた新編日本古典文学全集に従い、使節を派遣した意図について説明したと見るべきでしょう。実際、中国の史書には「指宣」の語は多少見られますが、「稍宣」は用例がほとんどないためです。いずれにしても、末尾で皇帝が臣下に対して用いる「宣」の語が用いられていることが注目されます。このことから、この国書は、『書紀』では倭国の格の高さを描くために書き換えられておりながら、編集が不十分で倭国にとって不利な言葉も消されずに残っているため、事実を伝えている部分もかなりあると見る学者が増えつつあります。

そうであるとすると、朝貢国に対する宣諭使であるはずの裴世清の扱いが不自然です。また、『隋書』倭国伝では、裴世清に対面して喜んだ倭国王は、次のように述べたとされています。「隋は『礼儀の国』と聞いていたため『朝貢』した。私は『夷人（遠方の野蛮人）』であって海の彼方におり、『礼儀』を聞いていなかったため、使節を派遣しないできた。そこで、（今回、使節を派遣し）道を整備し、館を飾って隋の使節であるあなたをお待ちしていた。大国である隋の新たな政治教化をうかがいたい」。そこで、裴世清が隋の皇帝の素晴らしい徳を語り、「宣諭（命令を伝え、教え諭す）」したと記しています。上で指摘したような中国流の誇張はあるにせよ、倭王が「憲法十七条」と同様、「礼」にこだわっている点が目を引きます。

ここで重要なのは、『書紀』によれば、小野妹子は国書奉呈がおこなわれる前に、隋からの国書を百済人に奪われたと言上しており、群臣は非難して流罪と決めたところ、天皇が唐（隋）の使節に聞かれてもまずいので処罰しないと決定しているうえ、その妹子を再び大使に任命し、帰国する裴世清に付き添わせて返書を届けさせていることです。国書が二通あるのはおかしいため、裴世清がもたらしたのは簡潔で儀礼的な国書、妹子が授けられたのは詳細な訓令であって、倭国としては認められないことがいくつも書かれていたため、紛失という形にして処理したものと思われます。もう一つ注意すべきは、『旧唐書』倭国伝によれば、貞観五年（六三一、舒明四年）に唐から派遣された高表仁は、王（他資料では「王子」）と礼を争い、皇帝の命を伝えずに帰国したとされていることです。中国では、こうした時の対応は使節によって様々であって、あくまでも宗主国の皇帝の名代としての格式を守ろうとして相手側と衝突し、国書を渡せないまま帰国した場合もありますし、中国の使節としては屈辱的であるものの、相手の国の風習にしたがって国王を敬う形で国書を渡し、任務を完了させた場合もあります。

裴世清の場合、日本側の資料も中国側の資料も激しい対立を伝えておらず、任務が完了したと伝えたとしているため、おそらく、双方とも妥協して実質をとり、それぞれの国の報告書や史書では自国優位の記述をしたものと考えられます。そうでなければ、妹子を再び大使とし、帰国する裴世清にともなわせて他の留学生たちとともに隋に派遣することは不可能だったでしょう。石井正敏氏は、このため、倭国王が裴世清と対面したというのは、国書奉呈の際ではなく、別の機会だったのではないかとしたうえで、裴世清が当時の天皇は女性であることを伝えていない点については、諸説有るとしつつも判断を保留しています。

つまり、倭国では大王はもともと外国使節を接見しない習慣であったうえ、裴世清の当時は女性の天皇という異常事態であった以上、裴世清が対面したのは、天皇を代行していた太子だとか馬子だという説もあるが、資料不足なので断定は避けるということなのでしょう。馬子とする説の根拠は、推古十八年（六一〇）十月に新羅の使節が来た際は、裴世清の時と類似する国書奉呈の儀がおこなわれており、使節が言上する趣旨を大臣が立って聞いたと明記してあるためですが、隋使に対する待遇と新羅使に対する待遇には差があるでしょう。

さて、煬帝の国書に対する日本側の返書は、推古紀の九月条によれば、「東の天皇、敬《つつし》みて西の皇帝に白《もう》す。……謹みて白す。不具」というものでした。怒りを買った「天子」の語を避けています。以前より丁寧な言い回しにし、尊敬する先輩に送るような表現にしていますが、「皇帝の臣である何々王」といった書き方でないため、隋の冊封体制に組み込まれることは避けた形です。この時は、儒教を中心に学ぶ学生が四名、学問僧四名が遣隋使とともに派遣されています。すべて渡来系氏族であって、この中には高向漢人玄理《たかむくのあやひとげんり》、新漢人日文《いまきのあやひとにちもん》（舒明四年以後は「僧旻《そうみん》」と記される）、南淵漢人請安《みなみぶちのあやひとしょうあん》など、帰朝した後は貴族たちに最新の学問を教授したり、大化改新後に国博士に任じられたりするなど、有力なブレーンとなった者たちを含んでいました。

右の記事に見える国書は、「天皇」という語が見えるため、疑われることが多かったのですが、最近は、太子礼賛派でない研究者でもこの記述を事実と認め、天皇の語は、この時期から外交面で使われ始め、やがて定着したと見る人が増えており、筆者もその立場です。その際は、中国北地の非漢人民族の王が建設した国家で、諸国の「王」以上、かつ「皇帝」以下である王の自称としてしばしば用いられていた「天王《てんおう（てんのう）》」が参考になったでしょう。日本でも「天王」という称号が用いられていた時期があると想定する研究者もいます。

留学生たちを除き、小野妹子などの使節は、推古十七年（六〇九）九月に帰国しますが、『書紀』は帰国したことを記すのみで詳しい記事がなく、隋においてどのような扱いをうけたのか不明です。

以後、隋との国交は進んでいません。妹子が帰国する少し前に、僧侶十人と俗人七十五人を載せた百済の船が肥後国に漂着しており、隋の国の「乱れ」を報告しているため、積極的な国交はためらわれた可能性もあります。この時期は、百済や高句麗や新羅の使節や、百済から漂着した者などに関する記事はかなりあるものの、隋に関する記事は推古二十二年（六一四）六月に、犬上君《いぬかみのきみ》御田鍬《みたすき》等を隋に派遣したとある程度です。御田鍬たちは、推古二十三年（六一五）九月に帰国していますが、どのような扱いをうけたのか記されていません。

推古二十六年（六一八）八月には、高句麗が、「隋の煬帝が三十万の軍隊を派遣して攻撃してきましたが、我が国に敗られました」として、技術者か学者と思われる二人の中国人捕虜のほか、隋軍の楽器や様々な武器、高句麗の産物、ラクダ一匹などを贈ってきています。戦勝の報告と、戦利品の献上です。隋は五九八年から六一四年に至るまで四回にわたる大がかりな高句麗遠征を行って失敗しているうえ、国内の長城や運河の建設などで民衆を大動員したため、疲弊して各地で反乱が起きる状態だったのです。一方、高句麗側は、倭国が隋と手を結び、背後から百済とともに攻撃してくることを恐れたのでしょうが、この時期は、しばしば倭国に贈り物をして関係向上に努めています。そうした国際情勢の報告を聞けば、倭国側も隋との関係強化をめざす動きは鈍るでしょう。高向玄理、僧旻、南淵請安などは放置され、彼らが帰国したのは、派遣されてから二十五年も後のことでした。

(七) 活動が記されない期間

推古紀では、推古十五年(六〇七)の神祇祭拝記事に「皇太子・大臣」と記された以後は、皇太子に言及することが急に無くなります。隋使の国書奉呈の場面でも、「皇子・諸王」とあるのみで「皇太子」の語は見えません。推古二十年(六一二)正月には、馬子が酒杯をたてまつって天皇の長寿を祝う歌を歌い、天皇もそれに和して蘇我氏の忠誠をほめる歌を歌っていますが、ここにも皇太子は登場していません。

さらに、二月には、蘇我稲目の娘であって欽明天皇の妃となった堅塩媛《きたしひめ》を「皇太夫人」とし、欽明天皇の陵である檜隈大陵に改葬する大がかりな儀式をおこなっています。この改葬は、敏達天皇、用明天皇、崇峻天皇、そしていまの推古天皇が、いずれも欽明天皇と蘇我稲目に発する系統であることを天下に示す重大な行事でした。この記事でも皇太子については触れられていません。

皇太子が登場するのは、なんと六年後の推古二十一年（六一三）十二月になってのことであり、しかも、政治の事蹟ではなく、太子伝説とも言うべき片岡山飢人の記事です。馬子については以後も推古二十二年（六一四）八月に、病臥した大臣のために千人が出家するという帝王なみの扱いを受けている記事があるものの、皇太子については何も記されていません。推古二十三年（六一五）十一月には、百済の客たちに饗したとあり、それに続いて高麗僧の慧慈が帰国したと記されているものの、ここでも皇太子については触れられていません。

皇太子が次に登場するのは、推古二十八年（六二〇）の記事の末尾に付された「是歳」条に見える、皇太子・嶋大臣が共に議して天皇記・国記等を作ったとする記事です。これも年代があやしいものであって、太子の死亡記事の前に挿入したものと推定されます。

こうした事態はなぜおこったのか。馬子と対立するようになって政治から遠ざけられ、仏教に打ち込んでいたとする見方もあります。しかし、馬子と激しく対立していたなら、山背大兄が有力な天皇候補とされることはなかったでしょう。ただ、『書紀』を見る限りでは、この時期は推古天皇がもっぱら馬子を信任して政治をおこなったかのように描かれており、皇太子は不在です。年をとって飛鳥との往来がつらくなったのが一因なのか、馬子、あるいは推古天皇と疎遠になったのか、逆にきわめて重要なこと以外は太子が斑鳩の宮で天皇の代行として決済するようになったため、記事でわざわざ「皇太子が」と書かなくなったのか、あるいは他に理由があるのか。ここでは不明としておくほかありません。

ただ、気になるのは、この皇太子不在と隋との国交停滞との関係です。この時期には、朝鮮諸国は盛んに倭国に働きかけており、対立していた新羅も、推古二十四年（六一六）七月に仏像を贈って来ています。百済などが贈る仏像と比較されてしまいますので、当時としては国家の威信をかけて最先端の技術による名作を贈ってきたことでしょう。こうした仏教外交とも言うべき記事を見ると、日本側も仏教が盛んになっており、そうした贈り物を歓迎していたであろうことが知られます。

では、その間、太子は斑鳩で外交に関わっていたのでしょうか。それとも仏教に打ち込んでいたのでしょうか。これについて考える際、参考になるのは、北周の廃仏の後に即位し、仏教を再興した隋の文帝とその皇子たちの動向です。尼寺で養われた文帝は、即位後は各地に寺や舎利塔を建て、また廃仏で破壊された寺や仏像の修理、僧侶の育成、経典の整備などに努めました。このため、各地に派遣された皇子たちはいずれも仏教に深く関わりましたが、熱心に信仰していた者もあれば仏教を利用しようとしていた者もあり、内実は様々でした。

まず、太子の勇については、文帝は清廉な名僧である普安を太子の「門師」として指導に当たらせました。門師は、家僧とも呼ばれており、仏教を指導するだけでなく、幅広い教養を教え、いろいろな面で相談役となるのが通例です。勇は都に著名な僧たちを招き、自らも経典読誦をし、廃仏時に破壊された寺や仏像の制作・修理、経典の写経などを援助しましたが、贅沢な生活をして愛妾を寵愛したため、両親の信を失います。

晋王に任じられた広は、皇太子に取って代わろうとしており、仏教熱心であった父文帝や母の独孤皇后に気にいられるため、派手な仏教保護をやりました。これが、後の煬帝です。煬帝は詩人としても有名であり、天台智顗のような名僧と交流し、仏教復興に努めたものの、即位後には行きすぎを是正するために寺院管理を強めたこともありました。

秦王の俊は、「仁恕《じんじょ》慈愛」と称された性格であって、ひたすら仏教を信仰し、僧になりたいと申し出たことがあるほどでした。

蜀王の秀については、性格に問題があったため、文帝は「骨鯁《こっこう》」で知られる元巌を後見役とし、仏教についても著名な学僧であった曇遷などを門師として充てました。「骨鯁」というのは、硬骨で君主に苦言を呈するような性格を言います。道慈がまさにこの言葉で呼ばれていたことが思い出されます。ただ、秀は、元巌が亡くなると愚行が目立つようになりました。何人もの名僧を招いて門師としたものの、招致に応じない僧に対してしばしば激怒しており、固辞する場合は切れと命じることさえありました。

漢王の諒は、皇帝になろうとして後に反乱を起こした人物です。野心が強く、著名な学僧である志念などを招き、母の追善のために大がかりな講経させるなどして人気を呼んだものの、それは仏教保護に努める晋王に対抗するためであったと評されています。

このように、文帝の皇子たちはいずれもある時期は仏教に熱心に取り組んでいたものの、思惑があったり、仏教信仰の熱心さを競うような面があったりしたのです。ただし、秦王俊のように、仏教に打ちこむあまり、出家したいと願う者も出ています。では、斑鳩移住後の太子、特に活動が記録されていない時期の太子は、どんなふうであって、強いて選ぶなら、上の皇子たちの誰に、あるいは誰と誰を混ぜたタイプに近いでしょうか。それとも誰とも違うのでしょうか。

（八）片岡山飢人説話

そうした皇太子不在の期間に、妙に詳細な太子関連の記事がはさまれています。推古二十一年（六一三）十二月庚午朔条に見える片岡山の飢人に関する記事です。それによれば、皇太子が片岡に遊行したところ、道の傍らに飢えた人が横たわっており、名を尋ねても応えなかった。皇太子は、飲食を与え、衣を脱いで飢えた者を覆い、「安らかに臥せ」と言って、「飢えて臥せっている旅人が哀れであることだ」という歌を詠んだ。翌日、使者をつかわして見に行かせたところ、飢えた者は既に死んでいたため、皇太子は大いに悲しみ、その場所に埋めて墓を立てて固く封じさせた。数日後、皇太子は侍者に対して、あの者は凡人でなく、必ず「真人」であろうと語り、見に行かせると、墓は封じてあったのに、開けてみるとしかばねが無く、衣が棺の上に置かれていたと報告された。そこで、皇太子は、侍者に衣を取ってくるよう命じ、その衣をいつものことのように身につけたため、世間の人は大いに不思議なことだとし、「聖の聖を知ること、其れ実(まこと)なるかな(聖之知聖、其実哉)」と言って、いよいよ皇太子を畏れてかしこまったことだった、とあります。

ここは、「還来之曰（還り来たりて曰く）」とあって中止形の「之」を用いているほか、「遣使令視（使いを遣りて視しむ）」では、「遣」だけで全体を使役の文にできるのに不要な「令」を入れて無理に四字句にしており、仏教漢文風な和風変格漢文になっています。他にも「如常且服」は、「（墓に置いておいた服を）着ることさえした」の意でしょうが、「且」の語順がおかしいなど、奇用・誤用に満ちた文章が続いており、変格漢文の典型とも言うべき個所となっています。中国では主要な古典や史書には「遣使令〜」といった表現はありません。

この記事で重要なのは、衣だけ残して遺骸が消えるのは仙人の尸解《しかい》であること、そして、世間の人々がこの事件によって「聖（のみ）が聖を知る」という言葉の正しさを再確認し、太子を「聖」と見て畏敬したという点です。この飢人を、尸解したとされる菩提達摩と同一視するようになるのは後代のことですので、『書紀』の段階では考える必要はありません。教団道教とは区別する必要がありますが、中国でも朝鮮でも、神仙思想は早くから流行しており、知識人の間では教養となっていました。この記事もその一つであって、飢人を尸解した仙人とみなして「真人」と称しているものの、後代の『本朝神仙伝』のように仙人を至上として太子もそうした一人と見なそうとしてはいません。飢えたり病んだりしている者たちを哀れむ儒教的な為政者として描き、「聖は聖を知る」という点を強調するため、この尸解仙らしき人物に関する伝承が強引に利用されているのであって、最も強調したいのは、皇太子が「聖」であることなのです。実際、尸解仙は中国では聖人扱いされておらず、尸解仙を見抜いた人が「聖」とされる例も、中国の神仙伝類には見えません。

一方、「その人は凡人でなかった。聖のみが聖を知る」という構図は、『三国志』魏書《ぎしょ》の許《きょ》攸《しゅう》伝に見えています。太祖皇帝は、有能な参謀でありながら欠点が多かった許攸を嫌っていたため、杜襲《としゅう》から許攸についてどう思うかと尋ねられた際、「凡人なり」と答えたところ、杜襲は「惟《た》だ賢のみ賢を知り、惟だ聖のみ聖を知る」と戒めたという記事です。また、北宋時代の膨大な類書である『太平御覧』のうち、「聖」に関する用例を集めた「叙聖」（巻四〇一、人事部四十二）の項目で引かれている佚書、晋の袁準《えんじゅん》の『袁子正書《えんしせいしょ》』では、「唯だ聖のみ聖を知り、唯だ賢のみ賢を知る。信《まこと》なるかな（唯聖知聖、唯賢知賢、信乎）」と記しており、『書紀』のこの個所の表現と一致しています。『書紀』は、一々原典に当たるのでなく、古典の用例集である類書を利用して作文する場合が多いことが指摘されていますが、この片岡山飢人説話における末尾の文句は、『太平広記』の前身となる早い時期の類書のうち、「聖」の部分に見える用例を利用したものと思われます。「聖は聖を知る」という言葉は、太子の死を慧慈が嘆いた個所にも見えていますので、『書紀』がこの点を強調したがっていたか、その素材となった資料が既にそうであったかであることが知られます。

（九）天皇記・国記・氏族の本記の編集

太子晩年の記事で最も重要なのは、推古二十八年の「是歳」条に、「皇太子と嶋大臣《しまのおおおみ》と共に議して、天皇記及び国記、臣《おみ》・連《むらじ》・伴造《とものみやつこ》・国造《くにのみやつこ》・百八十部并《ならび》に公民等の本記を録す」とあることです。先に触れたように、この年代はあやしいうえ、この年に作業が開始されたのか、完成したのかも不明です。そのうえ、天皇の命によりと明記されていません。これは、中国では考えられないことです。「共議之」の「之」は、例によって「〜して」の「て」に当たる中止形の用法であって、変格漢文です。

そもそも、「嶋大臣」という呼称は、『書紀』ではここに見えるのが初出です。推古三十四年（六二六）の馬子の逝去記事では、「うまれつき武略が有り、また弁才が有り、三宝を信仰した。飛鳥川のほとりに家があり、庭に小さな池を作ってその池の中に小嶋を作った。そこで世間の人たちは、『嶋大臣』と呼んだ」とあり、まさに礼賛されています。このことから見て、皇太子と共にかどうかはともかく、この部分は蘇我氏が作成した文献に基づいたものであり、天皇記や国記などの編集もその文献に書かれていたことが推測されます。ただ、小さな池と小さな嶋なら、世間が「嶋大臣」などと呼ぶわけがありませんし、この近辺からは巨大な池の跡が発掘されていますので、「小」という字は『書紀』編者が加えたものかもしれません。

このように、問題だらけの記事なのですが、天皇記や国記の編纂、大中小の豪族たちの記録をまとめる作業が、推古朝になされていた可能性はあります。というのは、推古二十年（六一二）二月に、蘇我稲目の娘である堅塩媛《きたしひめ》を「皇太夫人」と称して欽明天皇陵に改葬した際、天皇の命を受けた阿倍内臣鳥《あべのうちおみとり》を初めとして、「諸の皇子等」が奏上し、次に中臣宮地連《なかとみのみやどころのむらじ》烏摩《おま》呂《ろ》が大臣の辞を言上し、ついで、大臣が多くの氏族を率いて境部摩理勢《さかいべのまりせ》に「氏姓の本」を言上させています。つまり、自分たちの先祖が欽明天皇を含む歴代の天皇にいかに奉仕して氏姓を授けられ、現在の職務を委任されたかを強調したことでしょう。こうした伝承を諸氏族に提出させてまとめれば、欽明天皇・蘇我稲目と諸氏族とのつながりを強調する史書ができることになります。後でとりあげる天寿国繍帳銘も、前半は欽明天皇と稲目に始まる系図です。

ですから、この時期に史書の編纂が始まることは不思議ではありません。そうなれば、学識のある太子が加わらないことは考えにくいですが、それだけに、欽明天皇陵の改葬儀礼において、『書紀』が皇太子に触れず、その役割を強調していないのは不審です。

第五章　病死、そして残された人々

（一）病死と慧慈の嘆き

『書紀』では、推古二十九年（六二一）二月己丑朔《つちのとうしのついたち》癸巳《のみずのとのみのひ》（五日）に太子が亡くなったと記しています。しかし、釈迦三尊像銘など法隆寺系の資料は、太子が亡くなった日について、いずれも推古三十年（六二二）二月二十二日に当たる干支を示しており、こちらが史実とされています。『書紀』の通行本はここから推古天皇の末年まで、一年ずれているのですが、ともかく、『書紀』の記事を見ておきましょう。

推古二十九年春二月己丑朔癸巳の夜半に、厩戸豊聡耳皇子命が斑鳩宮で薨去したところ、諸王《もろもろのみこ》、諸臣《もろもろのおみ》と天下の人々はみな、老人は愛児を失ったようであって、美味しいものが口にあっても食べず、幼い者たちは父母を喪ったようで、泣く声が道に満ちた。すなわち、耕す農夫は鍬をやすめ、稲をつく女は杵を打つ手をやめ、皆な「日月が光を失い、天地が崩れてしまった。今から後、誰を頼みにしよう」と言った。

亡くなった人に対してこのような悲歎が描かれているのは、『書紀』ではここだけです。『論語』『文選』その他の美辞麗句が盛り込まれているものの、型通りのぎこちない文章の書きぶりから見て、おそらく類書を利用して切り貼りしたものでしょう。動詞の前に置くべき副詞の「悉《ことごとく》」を「悉長老～」とあるように主語の上に置くなど、初歩的な間違いだらけの漢文です。

この個所で目につくのは、「諸王、諸臣」という部分でしょう。「諸王、諸臣」という表現は、『書紀』ではこの推古紀と天武紀にそれぞれ複数見えるだけです。また、「厩戸」の語を用いる資料と、「上宮太子」などの呼称を用いる資料とは別系統らしいことは、これまでに述べました。

推古紀は右の記述に続け、「是の月に、上宮太子を磯長陵《しながのみささぎ》に葬る」と記しています。陵がひと月で出来るはずはありませんので、これは、何年何月のことかを示さない別の資料から抜き出し、ここにはさみ込んだことが知られます。このことは、太子の様々な呼称について検討した際に触れた、「厩戸」の語を用いる資料と、「上宮」や「太子」の語を用いる資料の系統の違いからも推察されます。実際、磯長の陵に葬ったと述べた後には、慧慈の嘆きを描いた有名な記述が来ますが、そこには「厩戸」の語は見えないのです。その内容は以下の通りです。

> まさにこの時、高句麗の僧、慧慈は、上宮皇太子が薨じられたと知って大いに悲しんだ。皇太子の為に法会をもよおし、僧たちを請うて食事を布施する法会をもよおした。自分自身が経を講釈する日、誓願して言った。「日本の国に聖人がいらっしゃいます。上宮豊聡耳皇子と申されます。まことに天がほしいままに才能を与えたお方です。王位に即《つ》かないながらも、王と同じ高い徳を持って日本の国にお生まれになりました。中国古代の聖帝たちをも包含し、先の天皇の壮大な計画をお嗣ぎになり、三宝を敬信して、多くの民衆の苦を救ったのです。太子こそ本当の大聖でいらっしゃいます。今、太子は既に薨去されました。私は異国にあっても、太子と固く結ばれた心は金属を断ち切るほどです。私一人生きて、何の良いことがありましょう。私は、来年の二月五日に必ず死にます。そうすることにより上宮太子に浄土でお会いし、共に人々を教化しましょう」と。かくて慧慈は、約束した日に亡くなった。このため、世間の人は、誰も彼もともに言った。「上宮太子だけが聖人ではなかった。慧慈も聖人だったのだ」と。

以上です。「生之（生きて）」「時人之彼此共言（時の人の彼も此も共に言わく）」の「之」が示すように、この前後は変格漢文ばかりです。ここで大事なのは、当時の仏教は誓願によって願望を成就しようとする誓願仏教であったこと、「上宮太子」と呼ばれていること、片岡山飢人伝承と同様に太子が「聖」であって「聖は聖を知る」ということが強調されている、ということでしょう。当時の名称であった倭国を「日本国」とし、「皇太子」の語を用いるなど、『書紀』編集時に潤色されていることは明らかであって、この記事がどれだけ史実を伝えているかは不明ですが、高句麗で太子の死を伝え聞いた慧慈が太子のために斎会をもうけた程度であれば、ありうることと思われます。六世紀後半の北地仏教を代表する慧遠の『涅槃経義記』では、釈尊に最後の供養をした鍛冶工のチュンダのことを、優婆塞《うばそく》（在家信者）でありながら「実《まこと》の大聖」（大正三七・六三〇下）と称していますので、そうしたことも意識してあるかもしれません。三経義疏では、慧遠の教学は影響を及ぼしていませんが、『涅槃経』は南北朝期には中国の北地でも南地でも最も尊重された経典でした。

そもそも、二月五日は、二月十五日に行われていた涅槃会の十日前ですので、この五日から十五日にかけて『涅槃経』の講義を行ったとしたら、慧慈はその開講の日に亡き太子を讃えて誓願をし、翌年のその日に亡くなったということになります。ただ、高句麗側の資料が残されていない以上、『書紀』では「厩戸」という点を強調する資料とは別系統と思われる資料に基づき、このように伝えていると見ておくほかありません。

なお、仏教関連で「実は聖だった」と言われる場合は、大乗の菩薩が仮に現れた姿、あるいは伝統仏教で言う、仏の前世でのあり方としての「菩薩」を含意することになります。つまり、観音菩薩などが仮に太子や慧慈などの姿で現れて人々を教化したか、あるいは、人間であって仏教に打ち込んだ太子と慧慈は死んで共に浄土に生まれ、その次にまたそれぞれ人間世界に生まれて修行して仏になる存在だったという構図です。

磯長陵と言われる太子の墓は、現在は大阪府南河内郡太子町の叡福寺の境内にあります。『延喜式《えんぎしき》』は、用明天皇の皇太子である「聖徳」の墓と認定している「磯長墓」の墓域について、「東西三町、南北二町」と記しており、これは皇子としては普通の大きさです。しかし、後には四天王寺の聖霊院などが聖地として信仰を集める一方、墓は知られなくなったようであり、「三骨一廟」と称して太子と母妃の間人皇女、そして太子の妃が葬られているとされるようになるのは、再発見されて人気が高まる中世からのことと推測されています。皇族の墓の一つと治定されて宮内庁が管理するこの墳墓については、宮内庁の陵墓調査室が平成十二年（二〇〇〇）から十七年（二〇〇五）にかけて調査しており、報告がなされています。立場上、書きにくいことも多いでしょうが、その報告によれば、三段構成の円墳である可能性が高く、山の中腹の地形に合わせたため、南北径が四十三メートル、東西径が五十三メートル前後と推定されています。太子の弟である来目皇子《くめのみこ》の墓と伝えられる五十メートル四方ほどの埴生崗上墓と同様、石材の加工法・形態、石室構築の特徴などから、後期古墳である岩屋山古墳との類似性が指摘されています。

（二）　法隆寺金堂釈迦三尊像銘

太子が亡くなる様子を描いているのは、法隆寺金堂の釈迦三尊像銘です。この三尊像及び銘については疑問な点が多く、仏像の制作年代と光背の制作年代、安置場所、銘文の内容、銘の書体その他について実に多様な説が出され論争になっていますが、とても紹介しきれません。ここでは、銘にある通りに、銘を太子が没した翌年の作とみなしたうえで、訓読を掲げ、筆者が発見したことを中心に解説してゆきます。句読点と訓読は私見によります。

法興元卅《さんじゅう》一年、歳は辛巳に次《やど》る十二月、鬼前《かむさき》太后、崩ず。明年正月二十二日、上宮法皇、病いに枕して悆《こころよ》からず。干食王后、仍《よ》りて以て労疾し、並びて床に著《つ》く。時に王后、王子等、及び諸臣、深く愁毒《しゅうどく》を懐《いだ》き、共に相《あ》い発願《ほつがん》すらく、「仰いで三宝に依り、当に釈像の尺寸王身なるを造るべし。此の願力を蒙り、病を転じ寿を延し、世間に安住せんことを。もし是れ定業《じょうごう》にして、以て世を背かば、浄土に往登し、早く妙果に昇らんことを」と。二月廿一日癸酉、王后、即世《そくせ》し、翌日、法皇、登遐《とうか》す。癸未年三月中、願の如く敬《つつし》みて釈迦尊像并《なら》びに俠侍《きょうじ》、及び荘厳具を造り竟《おわ》る。斯《こ》の微福に乗じ、信道の知識、現在は安穏にして、生を出でて死に入らば、三主に随い奉り、三宝を紹隆し、遂に彼岸を共にせん。

普遍の六道、法界《ほっかい》の含識《がんしき》、苦の縁を脱するを得て、同《とも》に菩提に趣かん。司馬鞍首《くらつくりのおびと》止利《とり》仏師をして造らしむ。

「普遍六道（仏・天・人間・畜生・餓鬼・地獄という六領域にいる生き物すべて）」のような不自然な表現もあるものの、変格語法は少なく、全体としては仏教漢文らしい四字句構成になっており、工夫して書かれています。「随い奉り」は和風な表現なのでしょうが、多くはないものの、漢語にも「随奉する」という表現があるため、そう読むことも可能です。

ここで重要なのは、これはいわゆる聖徳太子信仰の銘文ではないということです。より正確に言えば、太子の病気治癒ないし往生を願う誓願を中心としつつ、家族や家臣たちが太子、太子の母后、および「王后」と呼ばれている妃に対する忠誠心を披瀝し、仏教が十分広まっていない時期に仏教興隆の決意を述べた誓文なのです。むろん、一番のきっかけは太子の病気に際してなされた回復祈願の誓願ですが、この種の誓願は臨終に当たってなされることが多く、実際に仏像が完成するのは死後かなりたってからですので、願意が変わってくるのです。

まず、法興という元号については、ある程度公的なものとされていたのか、元号に準ずる形での年代表記として用いられていたのかは不明です。複数の用例から見て、太子周辺では用いられていたと考えるのが自然でしょう。日にちを示す干支が当時の暦と合わないことが指摘されていますが、これについては、銘文作成者が用いていた暦の問題か、あるいは誤りとしておくほかありません。古代朝鮮の金石文でも、計算と一日ないし一年ずれる例が報告されています。

銘文で「鬼前太后」と称されている太子の母、間人太后は、推古二十九年（六二一）に亡くなり、太子も翌年の正月二十二日に病気となります。「干食王后」の部分については、「弗悆干食。王后（食にこころよからず。王后〜）」と切る解釈もありますが、この前後は四字句構成になっていることから見て、「干食王后」という呼び名と見るべきでしょうから、食に携わる膳《かしわで》部《べ》の妃、菩岐々美郎女《ほききみのいらつめ》のことと考えておきます。母后が亡くなってほどなく太子が病むと、この王后も病となって寝込んでいますので、流行病のようなものだったと思われます。

そこで、「王后、王子等、諸臣、深く愁毒を懐き（心からつらく思い）」、太子と等身の釈迦像の造像を誓ったとありますが、この王后は、素直に読めば、前の「干食王后」と同じ人ということになるでしょう。王后が病床に臥したまま王子等や臣下たちと共に誓願したものと思われます。実際には無理であって、王子等や臣下たちだけで誓願儀礼をおこなった場合でも、形としては王后と王子等と臣下による誓願ということにするでしょう。「王子等」とは、菩岐々美自身の子だけに限られるのか、それ以外の王后の子たちも含むのかは不明ですが、含まない可能性が高そうです。

さて、「愁毒を懐」くというのは仏教経典に少々見える表現です。そのうちで文脈が最も近いのは、五世紀頃に中国で作られて流行したと推定されている偽経、『大方便仏報恩経』の

「論議品」であることは、かつて指摘した通りです。この品では、釈尊を出産して七日で亡くなり、現在は天にいる母の摩耶夫人《まやぶにん》のために釈尊が天に昇り、九十日にわたって説法している間、神通力や天眼を有する仏弟子たちが必死で探したものの見当たらなかったため、仏弟子や仏を敬愛する人々がその不在を嘆いたと述べ、「優填《うでん》大王、如来を恋慕し、心に愁毒を懐《いだ》」いたとされます（大正三・一三六中）。そこで大王は、香木でもって如来そっくりな像を作らせ、如来がおられる時と同じように礼拝供養したと説かれています。仏像の起源譚であって、状況は釈迦三尊像の銘文の場合とよく似ています。『大方便仏報恩経』は、梁代編集の仏教類書、『経律異相《きょうりついそう》』において十二回も引用されており、神話などを描く際にその『経律異相』の表現を利用している『古事記』も、間接的に用いていることを瀬間正之氏が指摘しています。

太子と「等身」の釈迦像を作るというのは、この銘文を疑う理由の一つとなってきましたが、皇帝が自らの等身像を作るというのは、実は中国でも行われていたことでした。たとえば、梁の武帝が「等身の金銀像両躯」を造らせ、朝晩礼拝していたというのは釈迦の等身像でしょうが、隋の文帝は、仁寿元年（六〇一）以降、三次にわたって全国百十一個所に舎利塔を立てさせた際、舎利塔に等身像と「神尼」の画像を安置させています。「神尼」とは、幼い文帝を養育し、将来、廃仏が行われるものの、この子がやがて「普天の慈父となり、重ねて仏法を興さん」と預言したとされる尼僧の智仙のことです。この「重ねて仏法を興す（重興仏法）」という文句は、まさに『隋書』東夷倭国伝に引かれる倭国の国書が、「聞く、海西菩薩天子、重ねて仏法を興すと」述べて使っていたものでした。

　肥田路美氏は、山西省の「大隋河東郡首山栖巌道場舎利塔之碑」によれば、文帝は匠人を召して「等身像」を鋳造させ、また「僊尼」の画を描かせてその傍らに置き、これを四方にわかつことによって「紹興三宝」し、天下に「日角（文帝の額にあった神秘的な突起）」と「龍顔（天子のお顔）」を知らしめた、とあるため、顔まで似せた文帝等身の仏像が作られ、諸州に安置されたことになると指摘しています。すなわち、仏教国をめざした倭国が「海西の菩薩天子」と呼んで手本とした隋の文帝は、自らの等身像を大量に作成していたのです。また、北魏の過酷な廃仏の後で造成された雲崗の巨大な石仏は、破壊をふせぐためもあってか、代々の皇帝たちの顔に似せて彫られたと言われています。

　唐の高祖李淵は、武徳元年（六一八）に即位すると、祖父と両親のために旃檀の等身仏を三躯造っています。ついで即位した太宗は、建国時の戦乱における戦死者たちのために、交戦地に寺院を建てたほか、長安近くの終南山にあって父帝が行宮とした太和宮を貞観初年（六二七）に龍田寺として建てかえ、父である高祖と自分自身の「等身」像を造らせました。肥田氏は、これも両皇帝の肖像ではなく、両皇帝と「等身」の仏像と推定しています。顔を少し父帝と自分に似せて作らせた可能性はあるでしょう。

　それにしても、もし定業であって亡くなられるのであれば、浄土に往かれて、早く仏の素晴らしい悟りの果に到達されますように、というのは妙な願です。重病の病人の傍らでこうした祈願がなされるはずはなく、他に同様の例もありません。重病時に回復を願って誓願し、死後に仏像がようやく完成した段階で往生の願が加えられた銘が作られたと見るべきでしょう。もしこうした願が実際になされていたとしたら、呼吸と心臓が止まってしまってかなりたち、亡くなったとは信じられないものの回復の望みを捨てるほかない段階での祈願と見るしかありません。

祈願もむなしく、二月廿一日には王后が亡くなり、翌日、「法皇」と呼ばれている太子も亡くなります。「法皇」は、「皇帝菩薩」などに通じる表現であって、「法王《のりのおおきみ》」の「王」を「皇」に変え、太子を法王である釈尊のように倭国において仏法を説く代表的存在と見た表現でしょう。太子の晩年には、「皇」の字が使われ始めていた可能性があります。

「登遐」というのは、皇帝などの死を神仙思想の言葉で表現したものです。「斯の微福に乗じ」とは、このささやかな造像の功徳によって、ということです。「信道」は仏教を信じること、「知識」は仲間のことであって、こうした場合の「知識」は皆で誓願して何かの事業をともになしとげる団体を意味します。「現在安穏」は、『法華経』などではこの経を尊信する一般信者の功徳として語られており、この銘文でも、太子が仏に準ずる扱いで「安住世間」を願われているのと対になっています。実際、法隆寺所蔵の甲寅年（推古二年、五九四）三月廿六日の記銘を持つ金銅釈迦像光背銘では、王延孫なる人物が「現在（現世）の父母の奉為《おんため》」に金銅釈迦像を造ると述べ、「此の功徳に乗じて現身安穏」となり、将来は浄土に生まれて仏にお会いし、法を聞きたいという趣旨の文が刻まれています。

これまで正しく理解されていなかったのは、「出生入死、随奉三主（生を出でて死に入らば、三主に随い奉り）」の一文です。これは「来世でも」ご奉仕するということではありません。「出生入死」は、「出入生死（生死《しょうじ》に出入せば）」の意であって、「生死」は「輪廻（サンサーラ）」の異訳ですので、何度生まれかわっても、ということになります。問題は、あの世でも法皇にお仕えするというのではなく、何度生まれかわっても「三主に随い奉」り、三宝紹隆に努めるという点です。これは、太子と母后と干食王后の三人の家族か、身内のような家臣でなければ言えない言葉です。王后の没日は明記されているものの、太子は「翌日」亡くなったとしてすまされているのは、そのためでしょう。つまり、この銘文は、太子だけを尊崇したものでなく、太子、母后、干食王后の三人が重要なのです。そうした銘文を、太子信仰が進んだ後代になって作るでしょうか。また、ここには天皇は登場しません。後代の法隆寺僧や支援する氏族などが偽作するのであれば、「推古天皇の命によって王子たちと臣下たちが誓願し」などとして権威づけるでしょうが、そうなっていないのです。

さて、何度も生まれ変わるというのは、亡くなると昇天し、「天寿」が尽きると、その天から人間世界に降りて来て王家に生まれて仏教を広め、亡くなって昇天し、また天から降って王家に生まれ、出家修行して仏になる、といった過程を考えているためです。銘文が「早く妙果に昇」るよう願っているのは、そうした過程が短くてすむよう願ったものでしょう。天と人間世界の王家を往復するというのは、『過去現在因果経』のような仏陀の本生譚その他にしばしば説かれていることです。ですから、誓願をした人たちは、来世でも、その次の来世でも太子と同じ場所に生まれて太子に奉仕し、「紹隆三宝」のお手伝いをすることになります。母后も王后も、むろん一緒に輪廻し、来世でも再会することが想定されているのです。

銘文では、誓願した人たちは、最終的には自分たちも「彼岸を共に」したいと願っています。つまり、皆なすべて仏になりたいというのです。そして、最後の部分では、鞍作の止利に造らせたと書かれています。ちなみに、「紹隆三宝」の語を用いている経典のうち、有名なのは『維摩経』です。

この釈迦三尊像については、現在は法隆寺西院伽藍の金堂の主尊とされ、中央に安置されていますが、これは、再建された法隆寺が太子信仰の寺となっているためです。釈迦三尊像は、太子没後に作られているのですから、太子の生前に出来ていた若草伽藍の金堂で本尊とされていたはずはありません。では、その頃の金堂ではどの仏が中央に置かれていたのか。この釈迦三尊像は、太子の没後に金堂の本尊の右ないし左に安置されるようになったのか、それとも斑鳩宮の仏堂、あるいはほかの宮の仏堂などに祀られていたのか、諸説があります。

その釈迦三尊像の台座には四天王が描かれています。剥落・退色が進んでいるものの、戦っている姿などではなく、成道したばかりの釈迦に食事供養のための鉢を捧げている図と推定されています。興味深いのは、釈迦三尊像の隣に安置されている阿弥陀三尊像の台座にも、同じように四天王の奉鉢図が描かれていることです。これは、阿弥陀如来にはふさわしくありません。近年になってこの二つの台座を調査した奈良国立博物館の岩田茂樹氏は、この阿弥陀三尊像の台座は本来は釈迦如来像、ないし釈迦三尊像のためのものであったと推測しています。そして、現在の釈迦三尊像は銘文どおりに推古三十一年（六二三）の作と見るのが最近の定説であり、台座はそれと同時でないとしても、その様式の古さから見て「程遠からぬ時期」の作であって七世紀前半を下ることはないと論じています。

なお、若草伽藍については、塔の瓦の破片は焼けたものが多いのに対し、金堂の瓦はそうではなかったことが最近報告されています。恐らく、五重塔に落雷があって激しく燃えたものと思われますが、金堂は延焼したものの塔ほど焼け方が激しくなかったとなると、火災に際して釈迦三尊像を運びだしたのであって、それが現在の西院伽藍金堂に安置されている、という説が見直されることも考えられます。釈迦三尊像の光背は、先端が手前に折れ曲がり、鋳造不十分な個所を銅板で埋めた部分が取れており、光背の周囲に取り付けてあった透かし彫りも失われて差し込む穴だけ残っている状態です。また、斑鳩宮跡からも焼けた瓦が出ているため、瓦ぶきの仏堂があったことが推測されているため、釈迦三尊像は他の宮の仏堂などに安置されていた可能性も指摘されています。

釈迦三尊像と光背については、同じ時期に作られていないとする説もあるうえ、光背は別の仏像のものであったとする説もあり、同時期の作であるとしても、光背銘は後で彫り込んだものだとする説もあります。ただ、内容を見る限り、この光背銘は太子没後まもない時期に作られたとしか考えられません。

（三）　天寿国繡帳とその銘

太子の没後に、まだ若かった后の多至波奈大女郎《たちばなのおおいらつめ》（橘大郎女）が太子の往生の姿が見たいと祖母の推古天皇にお願いし、哀れんだ天皇が宮中の采女たちに命じて「繡帷二張」を作らせたという経緯を誌す銘文を刺繡した天寿国繡帳は、古い時期の刺繡と鎌倉時代の模作の断片が中宮寺に残っており、それ以外のごく小さな断片が東京国立博物館や正倉院などに所蔵されています。

この繡帳については、律令で定められたとされる「天皇」の語が出ていることや、その他の用語面の特異さ、間人皇后の忌日を「辛巳十二月廿一癸酉」と記しており、これは持統四年（六九〇）に旧暦との併用が始まって文武二年（六九八）から単独で用いられた儀鳳暦に基づく計算と一致することなどから、後代の作と見る研究者たちが少なくありません。それも、刺繡は本物だが銘文は後から追加されたと説いたり、刺繡も銘文も奈良時代ないしそれ以後の作と見るなど、意見は様々です。むろん、真作だとする反論も多くなされています。

偽作であるとすると不思議なのは、紙に書いたり金属板に彫ったりすれば簡単なのに、広げれば縦二メートル、横四メートルになる帳《とばり》を二つも作り、薄地の布の上に色彩豊かな絵柄を刺繍で描き、また多くの亀を刺繍してその背中に銘文を四文字ずつ縫い取りするような面倒なことをする必要がなぜあったのか、という点です。また、奈良時代の高度な工芸品とは比べようもない素朴な絵柄と刺繍技法、銘文の内容も、その古さを示しています。中世には山ほどある太子関連の偽文書のように、聖徳太子との関係を強調して寺の権威を高めたり、聖徳太子によって田を施入されたなどとして寺の権利を主張したり、太子の超人さを強調した文物を作って参詣客を集めたりするなら分かりますが、天寿国繡帳銘はそうした偽文献とは性格がまったく異なっているのです。その繡帳に縫い取りされた銘文は、飯田瑞穂氏などの努力によってほぼ復原されたものの、意味が不明なままである個所がいくつか残っていますので、それらを解明してみましょう。

その前に、銘文のおおよその内容を紹介しておきます。前半は系譜ですので、後代の一般的な呼称を用いて概略を述べておくことにします。

欽明天皇が蘇我稲目の娘である堅塩媛《きたしひめ》を大后としてもうけた子は、用明天皇と妹の推古天皇。欽明天皇が堅塩媛の妹である小姉君を后としてもうけた子は、間人皇女と敏達天皇。敏達天皇が異母妹である推古天皇を大后としてもうけた子は尾治王。用明天皇が異母妹である間人公主を大后としてもうけたのは、等已刀弥々乃弥己等《とよとみみのみこと》(=太子)。太子は、尾治王の娘の橘大郎女を「后」とした。

以上です。しかも、原文では、「斯帰斯麻宮治天下天皇名阿米久爾意斯波留支比里爾波乃弥己等（しきしまの宮に天の下治めたまいし天皇、名はあめくにおしはるきひる（ろ）にわのみこと）」というように、一字で一音を表す書き方をしていますので、この系図だけで二百二十二字あります。つまり、四百字しかない銘文全体の半分以上を占めているのです。作成させた人がどれほどこの系図を強調したかったかが分かります。

続いて、母王と太子の病死の話が続き、亡くなった太子に対する橘大郎女の立場が示されます。簡単に訳しておきます。

辛巳の十二月廿一日癸酉の日入《ひぐれ》に、太子の母である孔部間人王が逝去された。明年の二月廿二日申戌の夜半に太子も逝去された。時に橘大郎女は悲しみ嘆き、天皇（推古天皇）に恐れながら申し上げた。「啓上するのは恐れ多いことですが、心にかかえる思いがやみません。我が大王《おおきみ》（太子）は、母王と約束したようにお亡くなりになりました。辛さはこの上ありません。我が大王は、『世間は虚仮にして、唯だ仏のみ是れ真なり』とおっしゃいました。その法を味わってみますに、我が大王は天寿国の中にお生まれになったことと思います。しかし、彼の国の形は眼では看がたいものです。できれば図像を用いて大王が往生された様子をしっかり見たいと思います」と。天皇はこれを聞いて、つらさが身に染みておっしゃった。「一人の我が子がいます。言上するところは、実にもっともです」と。そこで諸の宮女たちに命じ、刺繍の帳を二枚、お造らせになった。

続いて、この繍帳を造った者たちの名が列挙されて終わります。

下絵を描いたのは、東漢末賢《やまとのあやのまけん》、高麗加世溢《こまのかせい》、また漢奴加己利《あやのぬかこり》、監督したのは椋部秦久麻《くらべのはたのくま》である。

以上です。下絵を描いた者と監督者の名の部分は、二十四字もあります。しかも、鞍作鳥のような有名な人物が関わったとされているわけでもありません。前半の系図のこの末尾の部分を合わせると、全体の六十一・五パーセントとなります。いったい何のための銘文なのでしょう。

下絵を描いた者と監督者については、最近、吉川敏子氏の研究論文が出ました。それによれば、この四名はすべて渡来系であり、監督とされる椋部秦久麻は出納を担当する蔵部氏とは別であって、鞍部とも表記される鞍作氏を意味し、鞍作鳥と同じ氏族と推測されると述べています。高麗加世溢は、『書紀』斉明五年（六五九）条に見える高麗画師子麻呂《こまのえかきこまろ》、すなわち、僧旻《そうみん》法師のために仏菩薩像を多く作った狛堅部《こまの》子麻呂と同じ一族であって、還俗僧として最初に出家した尼たちを指導した高麗慧便《こまのえべん》と関係がある可能性もあるとされます。漢奴加己利は、善信尼の弟子として出家したとされる禅蔵尼の俗姓である漢人《あやひと》氏をかかえていた漢氏。東漢末賢は、蘇我氏配下の東漢氏。つまり、すべて蘇我氏と関係深い渡来系氏族であって、東漢氏以外は、仏教に関わっていた記録のある氏族ばかりだと指摘するのです。椋部秦久麻が鞍作部であるかどうかは疑問な点もありますが、古代韓国の金石資料に見える「椋」の字、そして「秦」の字から見て、渡来系氏族であることは間違いないでしょう。繡帳が太子信仰に基づく後代の偽作であれば、貴重な字数を使ってこうした有名でない渡来系氏族の人たちの名を並べるより、太子礼賛の記述を増やした方がよさそうに思われてなりません。

そもそも、この銘文は、太子を尊崇して書かれたものでしょうか。素直に見る限り、前半は、太子と橘大郎女とが、欽明天皇と蘇我稲目の両方の血を引くことを強調した系譜です。肝心な真ん中の部分では、まず母王が十二月二十一日に亡くなったと述べ、その母王と約束したように太子も翌年の二月二十二日に後を追ってしまわれたので悲しくて仕方ない、となっています。確かに十二月二十一日と二月二十二日となれば、約束したかのようにと言えるかもしれませんが、もっと近い人物がいます。釈迦三尊像銘によれば、上宮法皇が正月廿二日に病いで倒れ、干食王后が看病したものの自らも病んで並んで床についてしまい、王后は二月廿一日に亡くなり、翌日、法皇も亡くなられた、とありました。こちらこそ、あらかじめの約束通り、最愛の妃が亡くなると太子もすぐ後を追ったように見えます。しかし、繍帳銘は干食王后などには一言も触れません。北康宏氏は、この繍帳は橘大郎女が他の王后たちに対抗心をいだき、自らの皇族としての系譜を誇示したものと見ています。

後半の部分で、太子はむろん仏のように尊敬されていますが、強調されているのは、橘大郎女の嘆きとそれに対する推古天皇の同情です。これに関して、参考になるのが、三田覚之《かくゆき》氏の研究です。銘文を四文字ずつ記した亀甲の配置をいろいろ考えてみた三田氏は、

A　B　□　□

□　C

｜　｜　：　：

D　E

F　G　H　□

：は開閉する部分

という配置を想定します。つまり、この繍帳を正面から見ると、A「……孔部」、B「間人公主」、C「等已刀弥（とよとみ）」、D「弥乃弥己（みのみこ）」、E「等娶尾治（と、尾治〜をめとり）」、F「大王之女」、G「名多至波（名はたちば）」、H「奈大女郎（な（の）おおいらつめ）」となっており、繍帳正面右側に聖徳太子の母后である孔部間人公主、中央部に両側にまたがっ

て豊聡耳命（聖徳太子）、左側に橘大女郎の父の尾治王（銘文では「大王《おおきみ》」と尊称）、そして橘大郎女という四人の名が並んでいたと見るのです。

これだと、間人皇后、豊聡耳命、橘大女郎の名については、皇子を中心としてほぼ対称形に近い綺麗な配置になっていたことになります。三田氏は、こうした「母后・太子・太子妃」という三人の強調は、妃の名は異なるものの、母后と太子と干食王后の三人を中心とした釈迦三尊像銘と同じであることに注意しています。干食王后に対する、皇女としての強烈な自己主張と見るべきでしょう。また、三田氏は、仏像を囲うものであった中国の法門寺の白玉霊帳などを例にあげ、この天寿国繍帳は仏像を囲うものであったと推測しています。その場合、その仏像は、繍帳の上側のま正面に名が縫い取りされている太子と同一視される仏像、ないし、天寿国の太子もこんな様子だと示すような仏像ということになるでしょう。

ここからは、筆者の発見に基づく推測です。天寿国については、阿弥陀仏の極楽浄土（無量寿国）、弥勒菩薩の兜率天《とそつてん》、釈尊の霊山《りょうぜん》浄土、漠然とした天、繍帳の模様から見て仙人が住む神仙境、その他、様々な説がありました。しかし、重要なのは、天寿国は目では見がたいと明言されていることです。浄土経典は、極楽の素晴らしさを詳細に強調し、往生したいと思ったらその様子を観察しなさいと教えています。極楽の図がたくさん描かれているのは、このためです。ですから、極楽説は失格です。また極楽では、出産の苦しみなどから逃れられるよう、女性は男性に変化して生まれることになっており、女性はいないことになっています。ところが、繍帳には明らかに女性が描かれています。そうした絵は、太子の生前の様子を伝記風に描いたものでない限り、ここでも極楽説は不利ですが、極楽説が根強いのは、繍帳の絵柄の中に蓮の花から生まれ出ようとする人があり、それは極楽往生の様子だからです。

極楽に限らず、天や浄土の類には、目で見ることは難しいと言われているものはありません。そこで思い起こされるのが、釈迦三尊像銘のところで触れた『大方便仏報恩経』です。この経典では、釈尊が昇って亡き母と一緒にいる天は、神通力や天眼の持ち主である仏弟子たちですら見えなかったと明言されています。これなら、話の筋も合います。繍帳には、極楽を思わせる様子や神仙境のような絵柄、また弥勒経典に説かれる光景などが見えているのは、摩耶夫人がいたとされる天については、参考になる絵が知られていなかったため、様々な浄土や天の絵柄を盛り込んだのでしょう。

そうなると、橘大郎女は太子を仏になぞらえて考えていたことになりますが、そのことは、「世間虚仮、唯仏是真」という太子の言葉について、「その法を玩味するに（玩味其法）」と語っていることからも知られます。太子は実際にこうした漢語で示したのか、「世の中は仮で空しいものにすぎず、仏のみがまことなのです」などと日本語で語った言葉を、銘文の作者が経文風な漢文にしたのかは不明です。ただ、「法」は、仏が説かれる教え（ダルマ）です。橘大郎女は、太子がよく口にしておられた経文では、とは言っておらず、「我が大王の告げる所」と述べており、よくこのようにおっしゃっていた、という流れであるように見えます。釈迦三尊像銘を考慮すると、橘大郎女は、太子のことを仏とは考えていないにせよ、死後、天に生まれ、「天寿」が尽きるとまた人間世界に生まれ、そこで修行して成道するか、あるいはまた天と人間世界とを何度か往復した後に、修行して悟って仏になるお方と考えていたと思われます。『上宮法王帝説』が釈迦三尊銘の「出生入死」とは「生れた所に往き返る」ことだと、きちんと注を加えている通りであって、この意味での「天寿」や「天上寿」などの言葉は、仏伝を初めとして多くの経典に見えるものです。橘大郎女が夫を仏に準ずる扱いにしていることについては、親鸞の妻である恵信尼が、娘にあてた「恵信尼消息」と称される手紙の中で、夫のことを観音の化身とみなしていることをあげれば充分でしょう。

　では、橘大郎女にそう思わせた「世間虚仮、唯仏是真」という太子の言葉について検討してみましょう。このままの言葉は経典には見えません。近いのは、南本『涅槃経』の「一切外道は虚仮なり。（真実だと）詐《いつわ》り称するも、都《すべ》て実行《じつぎょう》無し」（大正十二・八三八下）です。三経義疏の作者は『涅槃経』は読んでいないようですが、太子は晩年に読んだ可能性はありますし、『涅槃経』関連の言葉であることは確かに思えます。梁代の成実《じょうじつ》・涅槃学派の『涅槃経』解釈を集成した『涅槃経集解《しゅうげ》』には、「唯だ仏のみ是れ極なり（唯仏是極）」という、「憲法十七条」の第二条を思わせるような言葉が見えます。

　さらに、これらの学僧たちを批判した三論宗の吉蔵の『勝鬘経《しょうまんぎょう》』注釈である『勝鬘宝窟』には、「唯《た》だ仏のみ是れ聖なり……唯だ仏のみ是れ諦なり（唯仏是聖……唯仏是諦）」（大正三七・六六中）とあります。「諦」は訓読すれば「まこと」でしょうから、これが一番近いことになります。『勝鬘宝窟』は『勝鬘経義疏』と一致する個所が多少ありますが、博学な吉蔵は南北の注釈を精力的に集めて利用していたことで有名であるため、太子は吉蔵も利用していた南地の古い注釈を見ていた可能性が高いでしょう。ただし、『勝鬘経義疏』を初めとして、三経義疏にはこれに近い言葉は見えません。

太子が晩年になって仏教の研究を深めていたことは事実でしょう。ただ、「世間虚仮」と語る場合、世間がいとわしくなって隠遁状態に入ってしまってからの言葉なのか、様々な活動を展開しつつ、一方では世間のむなしさを痛感せざるを得なかったのか。いずれにせよ、晩年の太子は、そうした言葉をつぶやかざるをえないような思いを味わっていたことになります。

（四）上宮王家の滅亡

太子が亡くなると、山背大兄《やましろのおおえ》が斑鳩宮を継承しました。ただ、『書紀』では太子の地位を継ぐ皇族については記していません。馬子がこれまで以上に権勢を振るったように見えますが、その馬子は推古三十四年（六二六）に没します。長命だった推古天皇も、推古三十六年（六二八）三月に七十五歳で亡くなります。最近は五穀が不作であるため、自分のための陵を作って手厚く葬らず、竹田皇子の陵に合葬せよ、という遺詔どおり、九月に最愛の子であった竹田皇子の陵に合葬されました。

『書紀』では、推古天皇は病が重くなった際、田村《たむらの》皇子《みこ》（舒明天皇）と山背大兄を呼んで遺詔を伝えたとしています。すなわち、田村皇子については、「天皇となって人々を養うことについては、簡単に発言すべきことではない。いつも重んじてきたところだ。だから、汝は謹んで察するがよい。軽々しく発言してはならない」。そして、山背大兄にはこう告げたとあります。「汝は未熟である。心に望むところがあっても、騒がしく言ってはならない。必ず、群臣たちの言葉を待って、それに従いなさい」と。むろん、変格漢文で書かれています。

きわめて不自然な内容であり、実際、この遺詔とされるものをめぐって争いが生じます。そもそも山背大兄は、『書紀』では奇妙な扱いをされています。上の推古天皇の言葉が示すように、田村皇子と天皇後継を争って騒ぎたてる軽薄な人物として登場しておりながら、蘇我入鹿《いるか》の軍勢に襲撃されると、戦えば勝つと知りながら、父である太子の教えに従う聖人のような存在として死んでいくのです。また、蝦夷もその山背大兄に対応するかのように、「憲法十七条」を尊重してこれに従う賢い大臣として描かれる一方で、「憲法十七条」に背く横暴な人物として描かれています。こうした不思議な記事を読んでいると、「憲法十七条」は田村皇子の即位を正当化するために重視されたのであって、そのために全文が掲載されているのではないか、と思われるほどです。

舒明天皇の即位前紀によれば、推古天皇の後継を「独《ひと》り定めんと欲」する大臣の蝦夷《えみし》は、群臣たちに上記の曖昧な遺詔を伝え、後継者について議します。すると大伴鯨連《おおとものくじらのむらじ》などの田村皇子派と、馬子の弟である境部摩理勢《さかいべのまりせ》らの山背大兄派に分かれ、意見が「和」せず「事を成す」ことができません。その協議を伝え聞いた山背大兄は、いくら考えても叔父の蝦夷が田村皇子を天皇とする「理」が分からないとし、自分が直接聞いた推古天皇の遺詔は、「汝は私の腹心であって、汝に対する寵愛の情は他の人とは比べられない。国家を経営してゆくという大事業は、本来の務めである。汝は未熟であるものの、慎んで発言せよ」というものであって、自分だけでなく、回りの人は皆な聞いていたと強調します。自分はその遺詔を聞いて「歓喜踊躍《かんぎゆやく》し」たと述べるなど、仏教公伝記事と同じ仏教の表現が見られます。

以後、山背大兄はしきりにこのことを訴えるものの、大勢は田村皇子支持に傾きます。山背大兄を押す叔父の境部摩理勢に対し、蝦夷大臣は、「汝の主張が『是』であって他の人の言うことが『非』であれば、私は必ず他の人に『忤《さか》』って汝に従おう。その反対であれば、汝に背いて他の人に従おう」と告げます。「憲法十七条」を意識し、自分は凡人である群臣と違って「是非」の「理」が分かるとしたうえでの発言です。しかし、摩理勢は強硬な態度を変えなかったため、蝦夷は摩理勢を攻撃して殺させます。つまり、蘇我氏が押す天皇候補と物部氏が押す天皇候補をめぐって戦いになった時代と違い、蘇我氏が圧倒的な権勢を確立した結果、蘇我氏内部で天皇候補をめぐって争うようになったと見ることができます。

かくして、馬子の娘を妻としていた田村皇子が推挙されて即位し、舒明天皇となりますが、舒明天皇は十三年後に亡くなります。この時も山背大兄は無視され、舒明天皇の皇后であった天豊財《あめとよたから》重日《いかしひ》足姫《たらしひめ》が皇極天皇として即位します。その頃には、蝦夷の力はさらに強くなっており、息子の入鹿も国政をとるようになっていました。

『書紀』は、蘇我氏系の文献に基づくと思われる蝦夷や入鹿の賞賛記述も少々見られるものの、この辺りから蝦夷・入鹿のことを、天皇家をないがしろにする横暴な大臣一族として描くようになっていきます。その一例は、蝦夷と入鹿の壮大な墓をあらかじめ作る際、上宮の乳部《みぶ》を動員して使ったと記していることです。これにより、山背大兄の妻となっていた異母妹の春《つきし》米女王《ねのひめみこ》と思われる「上宮《かみつみやの》大郎女《おおいらつめの》姫王《ひめみこ》」が、「蘇我氏は、国政をほしいままにして、無礼な行いをたくさんしている。天に二つの日は無く、国に二人の王はないはずだ。天皇から上宮王家に与えられた民をどうして勝手に使うのか」と言って怒り、恨みを結んだ結果、自分たちが滅ぼされる結果となったと『書紀』は書きます。春米女王自身、父方は蘇我氏の血を引いていますが、ここは完全に皇族として発言させられていることになり、潤色が目立ちます。

皇極二年（六四三）に、入鹿は「独り謀《はか》り」、「上宮王等」、つまり山背大兄を捨て、舒明天皇と馬子の娘の間に生まれた古人大兄《ふるひとのおおえ》を次の天皇にしようとします。『書紀』がこの前後の記事で山背大兄のことをしばしば「上宮王等」と記しているのは、先代の上宮王である聖徳太子と区別するためでしょう。入鹿は、十一月に巨勢徳太臣《こせのとこだのおみ》と土師娑婆連《はじのさばのむらじ》を派遣して、斑鳩宮にいた山背大兄を襲わせ、巨勢徳太臣らは斑鳩宮を焼きます。山背大兄は、馬の骨を寝所に投げ込んで焼死したように見せかけ、妃と子弟を連れて生駒山中に逃れますが、三輪文屋君が、馬に乗って東国に至って乳部を本として軍勢を起こせば勝てると勧めており、上宮王家と馬との関係深さが分かります。

しかし、山背大兄は、「私は十年間、民衆を労役に使うまいと願っていた。また、私のために民を死なせてその家族を悲しませたくない。戦いに勝つだけが立派な丈夫《ますらお》ではなく、身を捨てて国を固めるのも、丈夫ではないか」と断って斑鳩寺に入ります。そこで、軍勢に囲まれると、「我が身を入鹿に与えよう」と語って「子弟、妃妾」とともに首をくくって亡くなります。これは実際にそうかもしれませんが、貴人を殺す際は「自尽させた」と書くことが多いため、入鹿の軍勢が殺害したのでしょう。

この時、五色の幡蓋《ばんがい》が、様々な伎楽の音をともなって空に光り輝いたとあります。これは浄土からのお迎えということでしょう。ただ、人々が入鹿に指し示したものの、その幡蓋は黒い雲に変わってしまい、入鹿は見ることができなかった、と記されて事件は終わります。そして、襲撃事件を聞いた蝦夷が「ああ、入鹿、極甚《はなは》だ愚痴にして、専ら暴悪を行えり。儞《なんじ》の身命、また殆《あやう》からずや」と怒り、後に自業自得でその言葉通りになるという筋立てです。

このうち、「極甚」は中国古典には用例が少なく、仏教文献で盛んに用いられる語であり、「愚痴」はもちろん仏教語です。つまり、空に五色の幡蓋が現れたという部分だけでなく、この事件全体が仏教用語を用いて書かれているのです。むろん、「相謂之曰（相い謂いて曰く）」

や「其勝定之（其の勝たんこと定まれり）」などとあって、中止形や終止形の「之」が使われていることが示すように、変格漢文が続きます。

このように、『書紀』では、山背大兄は、舒明天皇の即位と蘇我本宗家の討伐を正当化するために描かれており、後代の太子伝になると、山背大兄は太子から「諸悪莫作、衆善奉行（諸悪は作《な》すなかれ。衆善は奉行せよ）」という「七仏通誡偈《しちぶつつうかいげ》」を教えられていたという話になっています。ともかく、上宮王家はこれで亡びました。

先に触れたように、史書の編纂を命じた天武天皇から『書紀』完成時の元正天皇に至るまでの諸天皇は、すべて舒明天皇の系統ですので、その舒明天皇について記す際は、徳がすぐれていたため対立候補などおらず、群臣がこぞって推挙したと書きたいところでしょう。ところが、そうなっていないのは、横暴な蘇我氏を中大兄と中臣鎌足が打ち倒し、天皇中心の体制が構築されるという図式になっていたためと思われます。そのため、「理」をわきまえ群臣を「和」せしめようとした賢い大臣の蝦夷が、騒がしい天皇候補である山背大兄を退けて田村皇子を舒明天皇として即位させてくれたという方向で書かざるを得ず、また、後には蘇我本宗家が横暴になって天皇をないがしろにするようになったうえ、民を思う立派な山背大兄を殺害するような非道な行いをした以上、滅ぼされて当然だという流れになっているのでしょう。こうした記事から、山背大兄の実際の人物像や、父である太子の教えを読み取るのは困難です。

（五）太子の娘による金銅灌頂幡の法隆寺施入

法隆寺献納宝物の一つである金銅灌頂幡《かんじょうばん》は、七世紀を代表する金工作品であり、現代の金工の専門家も感嘆するほど高度な透かし彫りの技法がこらされた名品です。現在は、上野の国立博物館内の法隆寺宝物館で、分解された形で展示されています。ただ、五メートルを超える精密な復元品が天上からつるされているため、十メートル以上あったと推定されている当時の壮大華麗な姿をしのぶことができます。

この灌頂幡については、図像の様式から見て現在の法隆寺金堂の完成時期、つまり七世紀末頃の作と見られています。問題は、いったい誰が施入したのかという点です。金堂の幡について記す『法隆寺伽藍縁起并流記資財帳』には、「右、片岡御祖命《かたおかみおやのみこと》、納め賜う。納めし時を知らず」とあり、施入された時期は分からないとしています。「御祖」は母や祖母を指す語です。

この「片岡御祖命」について、大橋一章氏は、太子と刀自古郎女の間に生まれ、山背大兄の末の妹である片岡女王《かたおかのひめみこ》と見ています。『資財帳』が施入者の名をあげるのは、天皇・皇后・皇族以外では、著名な僧、そして孝徳天皇の宣命に基づいて食封を納めた許世徳陀高《こせのとくだか》しかいないうえ、法隆寺に何らかの関係があって片岡御祖命と言えばそれとわかるような高貴な人物は、他にいないからです。

これほど高度な技術で造られた金工作品は、早い時期には無理ですし、またこれほど豪華で壮大な品を奉納するとなれば、重要な催しに当たってのことと考えるのが自然です。となれば、候補の筆頭として考えられるのは、再建の第一歩として金堂が建立されて法要がおこなわれた時でしょう。再建された現在の法隆寺では、金堂がきわだって古く、新しい部分は八世紀前半に造られたと推定されています。持統天皇が朱鳥八年（六九四）に『金光明経』を法隆寺に施入しているため、その時期までに少なくとも金堂は完成していたことになります。

これを下限とすると、太子が没したのが推古三十年（六二二）、山背大兄とその一族が絶滅させられたのが皇極二年（六四三）、法隆寺が焼けたのが天智九年（六七〇）ですから、片岡女王が六一五年の生まれで、金堂再建が天武八年の六八〇年だとすると、その時は六十六歳。仮に片岡女王が六一〇年の生まれで金堂再建が天武十三年の六八五年としても、七十六歳。推古天皇の没年齢七十五歳とほぼ同じであって、可能な範囲です。いずれにしても、天武天皇の時代ということになります。天武天皇が川嶋皇子、忍壁《おさかべ》皇子らの皇子と中臣連大嶋《なかとみのむらじおおしま》・平群臣子《へぐりのおみこ》首《びと》らに命じ、「帝紀及び上古の諸事を記定」せしめたのは、天武十年（六八一）三月でした。

この編纂作業が『日本書紀』に直接つながるかどうかについては、諸説ありますが、ともかく天武朝に史書の編纂が始まった頃は、太子の娘がまだ健在であって相当な財力を有していた可能性が高いのです。聖徳太子の家系が後に歴史上から姿を消したことは事実です。しかし、入鹿によって滅亡させられたのは、山背大兄とその家族に限られることを忘れないようにしたいものです。

片岡女王がその灌頂幡を、金堂から再建を開始した法隆寺に施入したのであれば、その時、金堂には太子と等身の釈迦三尊像が安置されていたことになります。太子の娘であり、山背大兄の妹である片岡女王は、どのような思いでこの釈迦像と灌頂幡を眺めたことでしょうか。

おわりに

これまで、『日本書紀』に記されている順にほぼ従って、太子関連の記述を検討してきました。その結果、分かってきたのは、『書紀』は独自の立場で潤色を加えているものの、太子の場合も蘇我氏の場合も、批判的な歴史学者が想定するよりは史実を反映した部分があるということでした。そうして浮かんできた事柄を見て、改めて痛感せざるを得ないのは、太子は父方も母方も蘇我氏の血を引く初めての天皇後継候補者であった、ということです。しかも、幼い頃から優秀な候補者でした。そうした候補者でなければ、若い頃から仏教・儒教その他の英才教育を受け、成人した後は様々な改革をおこなうとともに、経典の講義や注釈もし、釈尊になぞらえられて「法王」「法主」などと称され、後代の日本仏教に巨大な影響を与えることはなかったでしょう。多くの渡来系氏族を配下にかかえ、百済の仏教と技術者を導入して仏教を推進した蘇我馬子の娘を妃とし、馬子に支援されていたからこそ、法隆寺の建設も可能でした。

一方、そうした候補者だからこそ、複雑な血縁関係に組み込まれ、様々な思いをさせられたとも言えます。若い頃は物部守屋との合戦に、大叔（伯）父である蘇我馬子側の一員として軍勢の後ろに従いました。その馬子が、太子の父である用明天皇の死後、敏達《びだつ》天皇の皇后としてかなりの発言力を持っていた豊御食炊屋姫《とよみけかしきやひめ》（推古天皇）の賛同を得て、用明天皇の異母兄弟、つまりは太子の叔父である崇峻《すしゅん》天皇を即位させ、五年後には、恐らくはその豊御食炊屋姫の了解を得て崇峻天皇を殺す事件も体験しました。欽明天皇と稲目の血を引く崇峻天皇は、馬子の妹の子であり、豊御食炊屋姫にとっては異母兄弟でした。太子にとっては母親の兄弟です。

先ほど触れたように、太子とともに病気の床につき、一日違いで亡くなった「王后」への対抗心を示す天寿国繡帳銘にしても、前半はまさに欽明天皇と蘇我稲目に始まる太子と橘大郎女《たちばなのおおいらつめ》の血筋を誇る系譜でした。銘文は、橘大郎女の祖母である推古天皇の同情といたわりを強調していましたが、その推古天皇も、欽明天皇と蘇我稲目の血を引く存在です。つまり、太子は、生まれた時も、少年の時も、活躍していた時期も、死んだ後も、欽明天皇と蘇我稲目の血を引く天皇後継候補者だったのです。

太子は、日本仏教の開祖のような扱いを受けることが多かったのですが、仏教はかなり前から日本に入ってきていました。現在の仏教史は、蘇我氏による受容を中心として描かれているため、書き改める必要があります。ただ、仏教を盛んにしたのは、蘇我氏、それも特に馬子であったことは事実です。つまり、反対勢力を叩きつぶし、その広大な領地と奴婢などを得て財力を増し、それを活用して巨大寺院を建設した馬子が重要な働きをしたことは間違いありません。

その馬子が、姪の推古天皇のもとで一気に仏教を盛んにしていく際、馬子の庇護を受けつつ大きな役割を果たしたのが太子でした。馬子が建立した法興寺と太子が建立した法隆寺が、「興隆三宝」の「興隆」の二文字を分け合っていることは、象徴的です。このため、太子が奉じた仏教には、守屋との合戦や身内殺しである穴穂部皇子殺害や崇峻天皇暗殺事件などが複雑な形で影を落としていたことでしょう。その太子および長男の山背大兄は、やがて近辺の関係深い氏族たちを奉仕させつつ、その造寺造塔を支援するようになっていきます。つまり、斑鳩の地で馬子に似た役割を果たすようになっていったのです。

その斑鳩の地で、太子の生前に、妃たちの間で対立があったかどうか、それぞれの王后の子供たちの間で激しい競争や対立があったかどうかを語る資料は残っていません。しかし、斑鳩の上宮家が繁栄すればするほど、内部で問題が出て来ることになるでしょう。また、たとえ上宮王家内部では争いがなかったとしても、上宮王家が力をつければつけるほど、他の皇族や有力氏族からは上宮王家に対する反発が生まれてきたはずです。その点は、太子を支援してきた蘇我氏も例外ではありません。

そうした問題の一つは長男の山背大兄だったでしょう。『書紀』が詳しく描いているように、山背大兄は、天皇候補者の有力な一人でした。そうであれば、皇子としての待遇を受けていたはずです。推古十五年二月に壬生部《みぶべ》が定められたことは、太子を天皇後継者と認めてこれまで以上の土地・人民を与えることを意味しますが、それだけでなく、山背大兄も皇子扱いで広大な土地・人民を得たのではないでしょうか。その山背大兄については、馬子の弟といわれる境《さかい》部摩理勢《べのまりせ》が、太子生前の恩顧を忘れずに強く支援していたと『書紀』では記されています。その熱心さは、あるいは、山背大兄は摩理勢の娘を娶っていたのかと思われるほどです。

しかし、現存資料を見る限り、山背大兄の妻として記録にあるのは、太子の娘であって、山背大兄にとっては異母姉妹となる舂米女王《つきしねのひめみこ》だけです。天皇の皇女も、蘇我馬子・蝦夷の娘なども娶っていません。天皇後継候補としては、弱い立場です。推古天皇が亡くなった後、山背大兄にとっては伯父である大臣蝦夷の推挙によって即位した舒明天皇は、欽明天皇の子である敏達天皇の孫であって、馬子の娘を娶っていました。その蝦夷は、後に父の弟であって山背大兄を支援していた境部摩理勢と衝突し、ついには殺すに至っています。

太子の晩年には、こうした対立はまだ目立っていなかったかもしれませんが、強大になった上宮王家が一部の人たちの反発を招くようになったのと同様に、上宮家以上の権勢を有していた蘇我氏やその同族たちの場合も、外部からの反発を招いていたでしょうし、蘇我氏内部での勢力争いも生まれ始めていたことと思われます。

また、太子晩年には、対外面では、太子が交流して文化を学ぼうとした隋が再三の高句麗遠征に失敗し、また長城や運河などの工事に力を入れすぎた結果、各地で反乱が勃発して亡び、唐が建国されていました。朝鮮半島では、相変わらず諸国の複雑な対立抗争と提携が繰り返されています。

こうした厄介な状況のもとで、晩年の太子が何を考え、どのように行動していたかは、資料がないため判断しようがありません。『書紀』の記録に登場していない時期、太子と馬子や推古天皇との関係はどうなっていたか、太子は長男の山背大兄をどう評価し、どのような道を歩ませようとしていたのか、対外関係や国内の状況についてどう考えていたのか。いずれの問題も、資料不足で知るすべがないのです。そうした中で、ただ一つ残されていたのが、「世間虚仮、唯仏是真」という言葉でした。この言葉は、様々な面で意味するところが大きいと言わざるを得ません。

実際、「世間」は「虚仮」であることを具体的に示すかのように、太子の没後に山背大兄とその家族は滅亡させられました。しかも、法隆寺若草伽藍の金堂の中でそろって首をつるさせられたのです。権勢を誇った蘇我本宗家もやがて滅亡させられました。

今日、我々が聖徳太子に対するイメージを形成する際、大きな柱となっているのは、「憲法十七条」の「和を以て貴しと為す」という言葉でしょう。しかし、この「和」を民主主義・平和主義を説いたものとするのは、戦後の解釈でした。その少し前までは、「和」は、国民が一致和合してこの大戦を戦い抜くという文脈で評価され、「憲法十七条」はそうした観点で読まれていたのです。「世間虚仮、唯仏是真」という心を打つ言葉についても、我々はその背景と真意をどこまでつかめているでしょうか。

太子が生きていた時代の人々、とりわけ近辺の親しい人たちが、太子をどのように見ていたのか考える時、最も重要なのは、太子の病気に際し、「太子と同じ身長の釈迦像を造ります」と誓願したとする釈迦三尊像光背銘と、「世間虚仮、唯仏是真」の句を含む天寿国繡帳銘およびこの繡帳に描かれた絵柄です。

聖徳太子と等身の釈迦像を造るという発想は、中国の偽経である『大方便仏報恩経』などの経典に基づくものであり、釈尊の不在を悲しむ優塡王《うでんおう》の願いによって等身の釈迦像が造られたことを踏まえています。この経典は、亡き母に説法するために釈尊が天に昇ると、その間、誰も釈尊を見ることができなかったと説いている点で、「目には見がたい所」とされる天寿国を描いた天寿国繡帳の銘文の典拠となったと推測される経典でもありました。

釈尊は、兜率《とそつ》天から降りてきて天竺の王家に生まれ、強力な王者になるか人々を救う偉大な存在なると予言され、出家修行して仏となったとするのが仏伝です。仏伝やその他の経典の中には、仏となる前の存在である「菩薩」が、天と地上の人間世界とを何度も往復して修行を重ねると説いているものがあり、その中には地上では王家に生まれるなどと記している経典もあります。釈迦三尊像光背銘や天寿国繡帳銘が考えているのは、そのような存在としての太子です。観音の化身といったとらえ方が生まれるのは、もう少し後のことでしょう。

ただ、日本仏教の母である百済仏教が手本としていた梁の武帝は、本書で紹介したように、

「菩薩天子」と称しており、周辺の仏教国の国王から「救世大悲」などと呼ばれていました。梁の国内でも、傅大士《ふだいし》は、武帝への手紙で「国主救世菩薩」と呼びかけています（『全梁文』巻六十七「致武帝書」）。また、武帝を指してはいないものの、「救世観音」の語は、武帝の後を継いだ簡文帝の「唱導文」中に「救世観音を礼す」と見えています（大正五二・二〇五下）。法隆寺で「救世観音」と称される観音像が造られる要素、あるいは長身の観音像が「救世観音」と呼ばれるようになる要素は、太子の没後頃にはあったと考えられます。この救世観音も、太子と等身とする伝承があります。

釈迦三尊像銘では、誓願してこの仏像を造った人たちは、何度生まれ変わっても、太子と母后と王后にお仕えして「三宝を紹隆」することを誓っていました。「紹隆三宝」は、『維摩経』に見える言葉であり、また隋への倭国の国書が「海西の菩薩天子、重ねて仏法を興す」と賞賛していたように、北周の廃仏の後に即位して仏教復興に努めた隋の文帝は、「紹隆三宝」の勅命を発していました。しかも、この文帝は、顔まで似せた自分の「等身像」を、各地に建立させた舎利塔に置かせた皇帝でした。以後、唐に入っても、皇帝やその両親と「等身」の仏像が造られています。

太子周辺の人たちが太子をどう見ていたか、そして、太子自身は自分のことをどう考えていたかを検討していくには、先入観をできるだけ捨て、釈迦三尊像銘や、天寿国繡帳とその銘文など資料から見えてきた事柄に対して真正面から向かい合う必要があります。

どの時代にあっても、むろん、太子が生きていた時代にあっても、人々がいだく聖徳太子のイメージは、その当時の社会状況を反映したものであり、またそれぞれの人の心の願いを反映したものでした。最近の日本社会について言えば、戦後盛んになった批判的研究を、かたよった方向におし進めた聖徳太子虚構説がマスコミを通じてかなりの影響を与えた一方で、戦時中のように「背私向公」を説く聖徳太子像が再び強調されつつあるように思われるのは、筆者の思いすごしでしょうか。

聖徳太子肖像（早稲田大学図書館蔵）

【聖徳太子図について】

日本では、聖徳太子ほど早くに、また様々な彫刻や絵の題材となった人物はいません。前頁に掲げたのは、聖徳太子の肖像画として法隆寺に伝えられ、明治時代に皇室に献上されて御物となり、現在は宮内庁が管理している「唐本御影《とうほんみえい》」を江戸末期頃に模写したものです。

侍童を従えた三尊形式になっている「唐本御影」は、顔の部分が紙幣に使われたほか、全体図が教科書などにも掲載されて有名になりました。ただ、奈良中期に法隆寺の什物を記録した『法隆寺伽藍縁起并流記資財帳』には記されておらず、文献に登場するのは12世紀になってからであるうえ、初期の太子像には影響を及ぼしていません。このため、成立については諸説があったうえ、今枝愛真氏が、表装部分の右下に法隆寺とは関係がない「川原寺」らしき文字が見えるとして別人説を提唱し、大変な話題となりました。

しかし、これは表装の裂に織り込まれた目出度い飾りの文字の銀糸が剥落し、墨跡のように見えたものであることを、史学の東野治之氏が明らかにしました。さらに、太子像の変遷を追った被服史の武田佐知子氏は、この画の日本風な特徴から見て、8世紀中頃に唐の絵の形式にならう形で聖徳太子の肖像として描かれたと見てよいと論じており、有力な説と認められています。東野氏自身は後に、平安期の模写と見る研究者が多く、模写である可能性が高いとしつつも、古い要素が見られるため、8世紀前半を下らない頃の聖徳太子図の面影を伝えるものと推定しました。

津山藩主であった松平斉民（1814～1891）の『藝海余波』（早稲田大学図書館所蔵）に収録されている前頁の模写図は、江戸時代には、この特異な肖像画の衣裳や持物に関する学問的な考証がなされていたことを示しています。

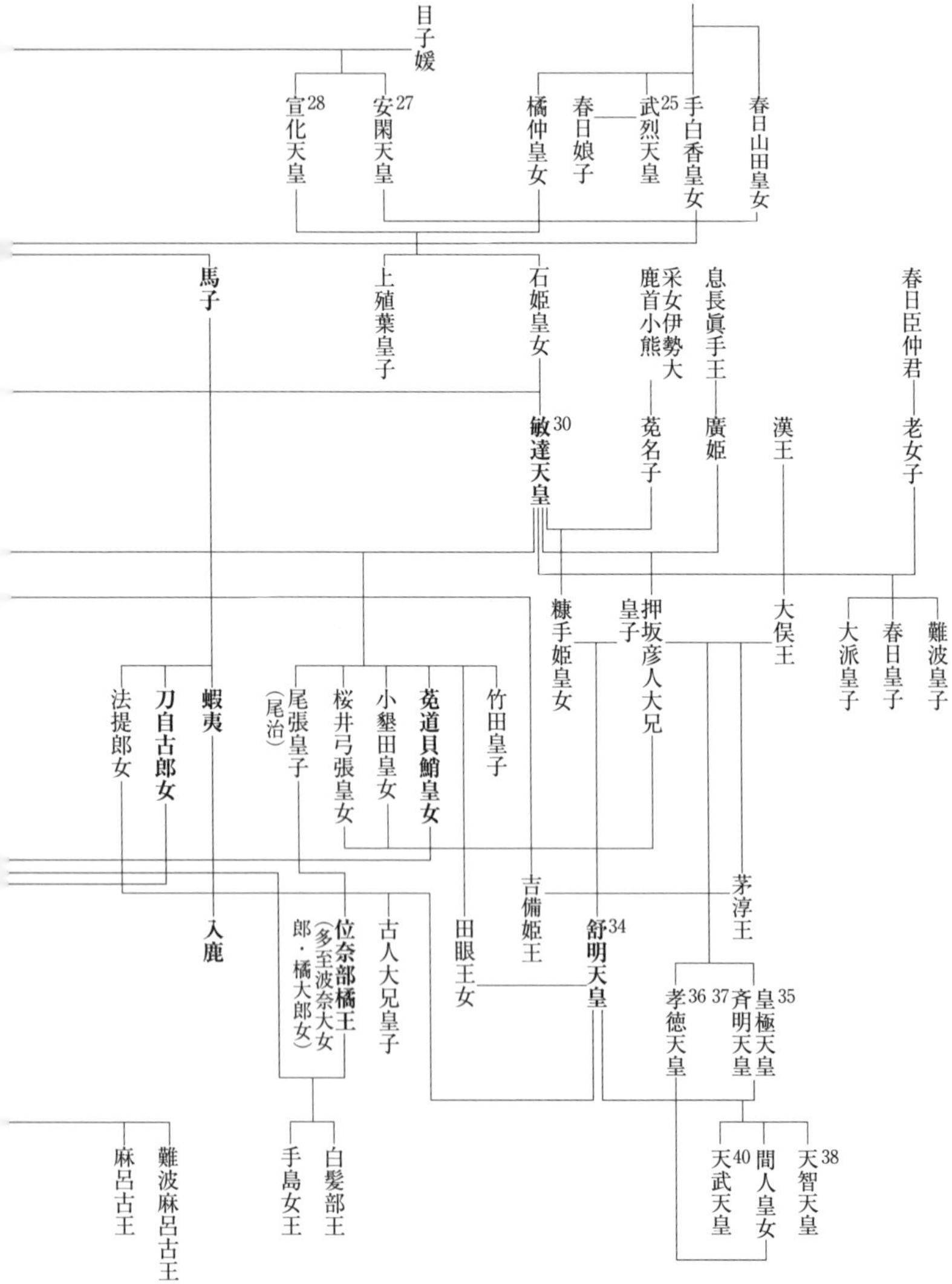
春日山田皇女
手白香皇女
武烈天皇 25
春日娘子
橘仲皇女
安閑天皇 27
宣化天皇 28
目子媛
春日臣仲君
息長眞手王
采女伊勢大鹿首小熊
石姫皇女
上殖葉皇子
馬子
老女子
漢王
廣姫
菟名子
敏達天皇 30
難波皇子
春日皇子
大派皇子
大俣王
押坂彦人大兄皇子
糠手姫皇女
竹田皇子
菟道貝鮹皇女
小墾田皇女
桜井弓張皇女
尾張皇子（尾治）
蝦夷
刀自古郎女
法提郎女
茅淳王
吉備姫王
舒明天皇 34
田眼王女
古人大兄皇子
位奈部橘王（多至波奈大女郎・橘大郎女）
入鹿
皇極天皇 35
斉明天皇 37
孝徳天皇 36
天智天皇 38
間人皇女
天武天皇 40
白髪部王
手島女王
難波麻呂古王
麻呂古王

聖徳太子関連系図

（石田尚豊編『聖徳太子事典』
（柏書房）所載の系図を一部改訂）

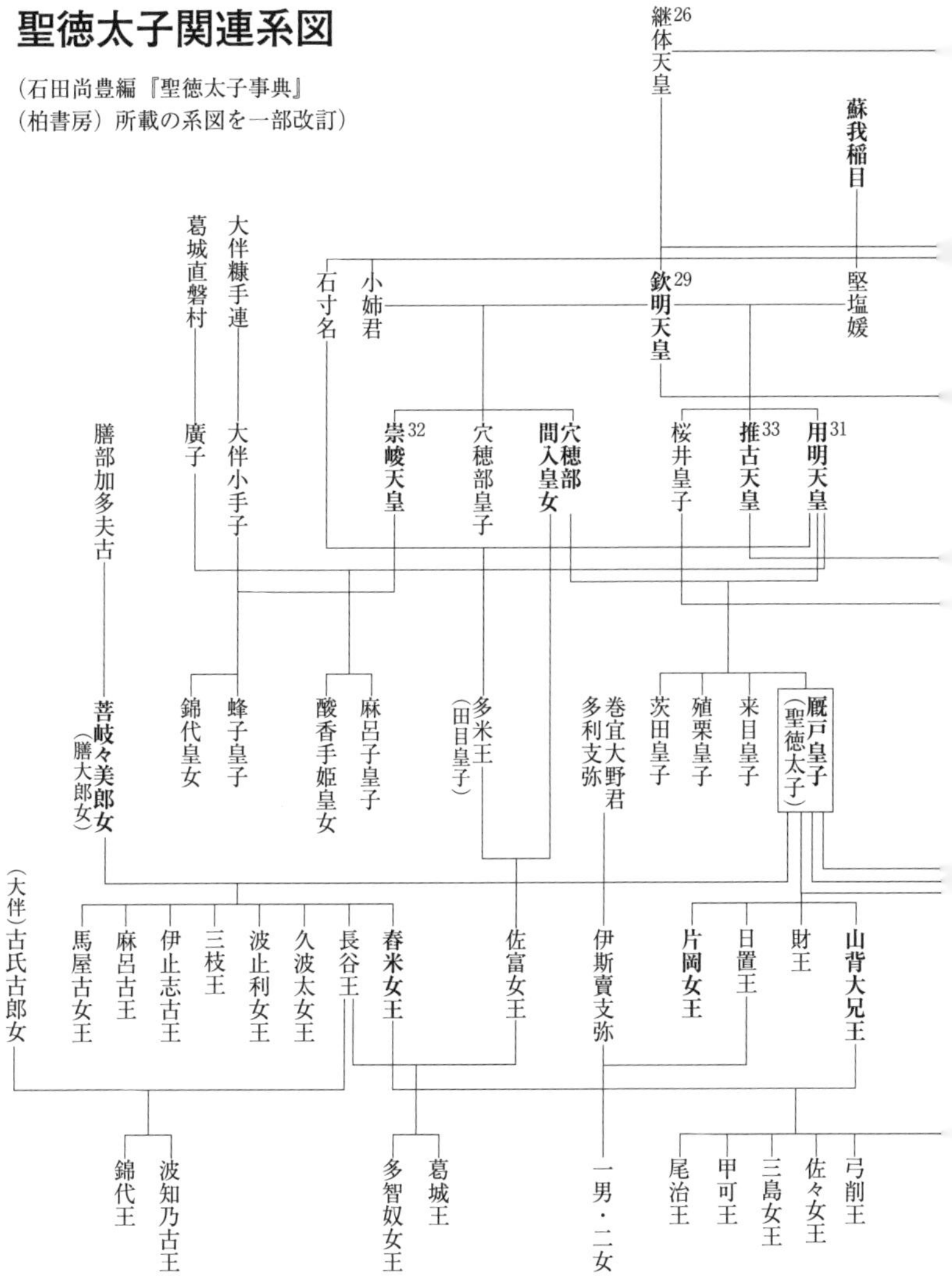

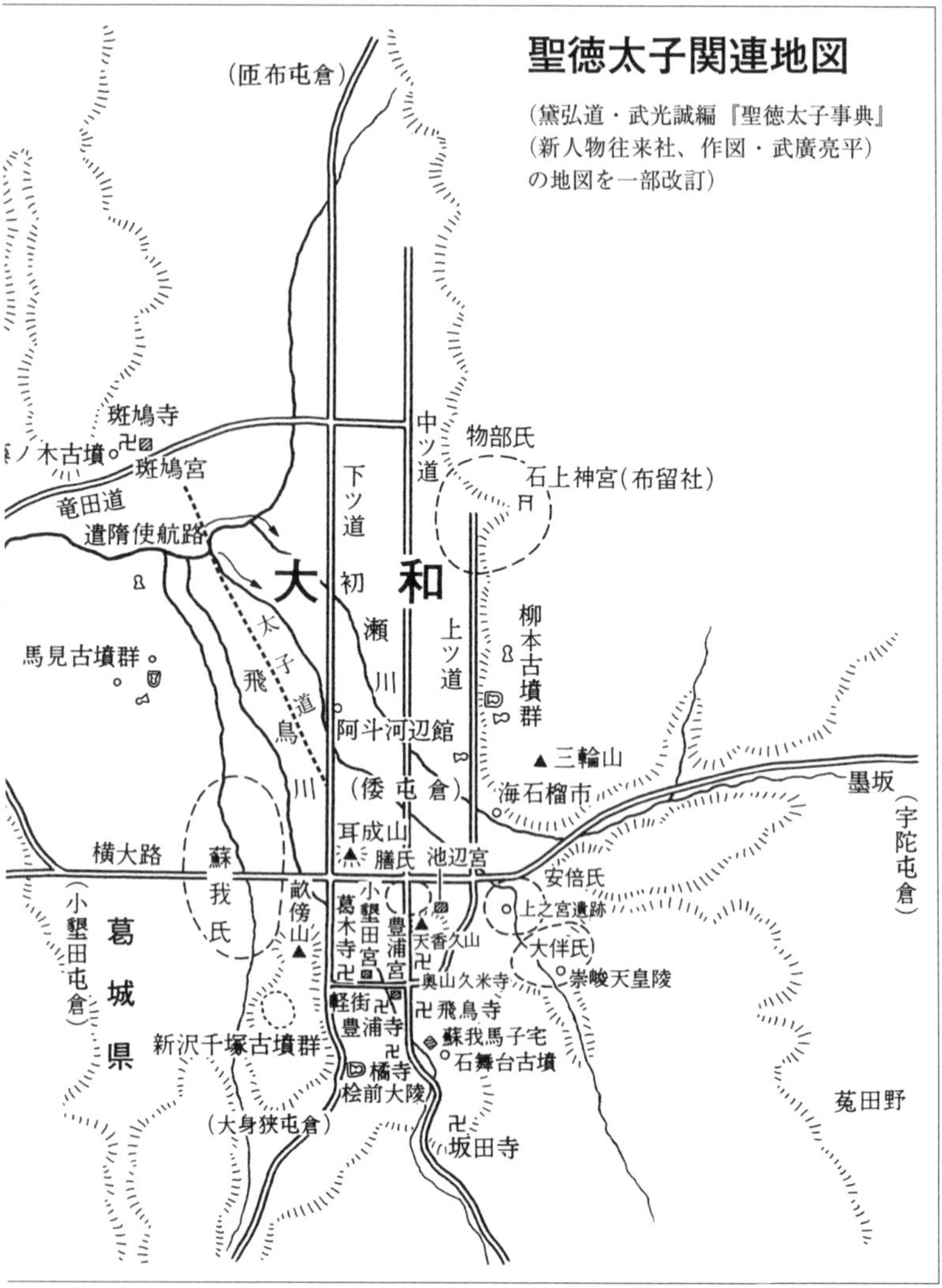

聖徳太子関連地図
(黛弘道・武光誠編『聖徳太子事典』
(新人物往来社、作図・武廣亮平)
の地図を一部改訂)
(匝布屯倉)
斑鳩寺
ノ木古墳
斑鳩宮
竜田道
遣隋使航路
大和
太子道
飛鳥川
初瀬川
下ツ道
中ツ道
上ツ道
物部氏
石上神宮(布留社)
柳本古墳群
馬見古墳群
阿斗河辺館
三輪山
(倭屯倉)
海石榴市
墨坂
(宇陀屯倉)
耳成山
膳氏
池辺宮
横大路
蘇我氏
畝傍山
小墾田宮
豊浦宮
葛木寺
天香久山
安倍氏
上之宮遺跡
大伴氏
崇峻天皇陵
奥山久米寺
(小墾田屯倉)
葛城県
軽街
飛鳥寺
豊浦寺
蘇我馬子宅
新沢千塚古墳群
橘寺
石舞台古墳
桧前大陵
菟田野
(大身狭屯倉)
坂田寺

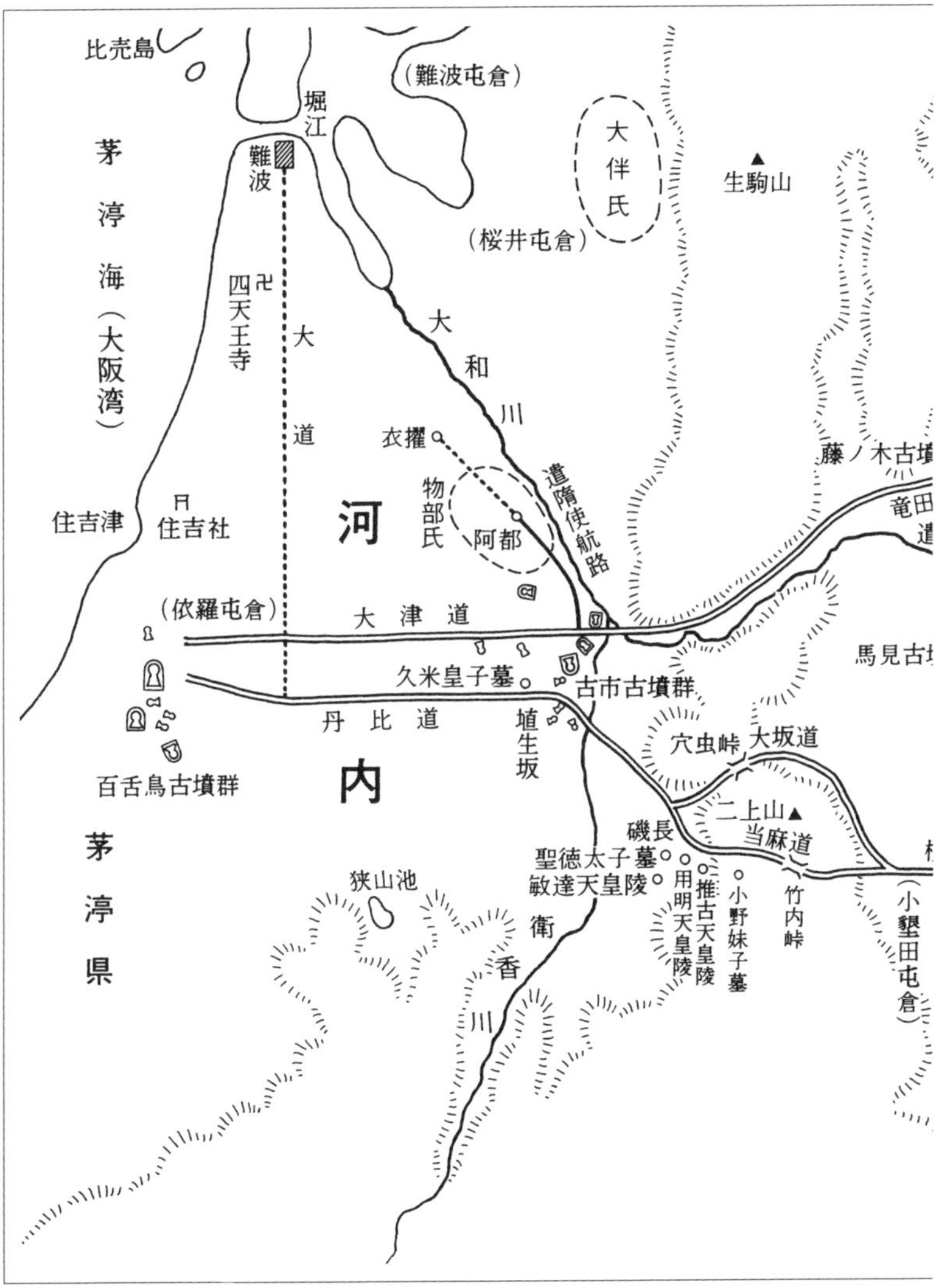
比売島
(難波屯倉)
堀江
難波
茅渟海(大阪湾)
大伴氏
生駒山
(桜井屯倉)
四天王寺
大道
大和川
衣摺
物部氏
阿都
遣隋使航路
藤ノ木古墳
竜田道
住吉津
住吉社
河
(依羅屯倉)
大津道
馬見古墳
久米皇子墓
古市古墳群
丹比道
埴生坂
穴虫峠
大坂道
百舌鳥古墳群
内
二上山
磯長
当麻道
聖徳太子墓
敏達天皇陵
用明天皇陵
推古天皇陵
小野妹子墓
竹内峠
(小墾田屯倉)
茅渟県
狭山池
衛
香
川

参考文献

（本文中で書名・論文名を挙げたものは除く）

網　伸也「景観的見地からの伽藍配置」（『月刊考古学ジャーナル』五四五号、二〇〇六年六月）
飯田瑞穂『聖徳太子伝の研究』（吉川弘文館、二〇〇〇年）
石井公成「上代日本仏教における誓願について――造寺造像伝承再考」（『印度学仏教学研究』第四十巻第二号、一九九二年三月）
石井公成「公開講演　聖徳太子論争はなぜ熱くなるのか」（『駒澤大学大学院仏教学研究会年報』第四十号、二〇〇七年五月）
石井公成「聖徳太子像の再検討」（『仏教史学研究』第五十巻第一号、二〇〇七年十一月）
石井公成「傳聖徳太子『憲法十七條』の「和」の源流」（『天台學研究』一〇輯、ソウル、二〇〇七年十二月。日本語論文は拙ブログに掲載）
石井公成「三経義疏の語法」（『印度学仏教学研究』第五十七巻第一号、二〇〇八年十二月）
石井公成「聖徳太子伝承中のいわゆる『道教的』要素」（『東方宗教』第一一五号、二〇一〇年五月）
石井公成「三経義疏の共通表現と変則語法（上）」（『駒澤大学仏教学部論集』第四十一号、二〇一〇年十月）
石井公成「問題提起　聖徳太子研究の問題点」（『藝林』第六十一巻一号、二〇一二年四月）
石井公成「『人間聖徳太子』の誕生――戦中から戦後にかけての聖徳太子観の変遷」（『近代仏教』第十九号、二〇一二年五月）
石井公成「三経義疏の共通表現と変則語法（下）」（奥田聖應先生頌寿記念論集刊行会編『奥田聖應先

生頌寿記念インド学仏教学論集』、佼正出版社、二〇一四年）
石井正敏「『日本書紀』隋使裴世清の朝見記事について（『藝林』第六十一巻第一号、二〇一二年四月）
石田尚豊ほか編『聖徳太子事典』（柏書房、一九九七年）
井上　薫「聖徳太子異名論――なぜさまざまな異名をもつのか」（『歴史読本』一九九六年十二月号）
井上　亘『偽りの日本古代史』（同成社、二〇一四年）
岩田茂樹「法隆寺金堂釈迦・阿弥陀三尊像台座板絵四天王像をめぐって」（『東京国立博物館研究誌』六三三号、二〇一一年八月）
上田正昭「歴史からみた太子像の虚実」（梅原猛・黒岩重吾・上田正昭他『聖徳太子の実像と幻像』、大和書房、二〇〇二年）
上原　和「聖徳太子「伊予湯岡碑文」の解釈をめぐって――故小島憲之博士の御説に答える」（『學燈』第九十六巻十二号、一九九九年十一月）
梅原猛・黒岩重吾・上田正昭他『聖徳太子の実像と幻像』（大和書房、二〇〇二年）
遠藤慶太『東アジアの日本書紀――歴史書の誕生』（吉川弘文館、二〇一二年）
小笠原好彦『日本古代寺院造営氏族の研究』（東京堂出版、二〇〇五年）
王　勇『聖徳太子　時空超越』（大修館書店、一九九四年）
近江俊秀「『大道』考――大和と河内を結ぶ直線古道の成立と展開について」（『古代文化』第六十二巻二号、二〇一〇年九月）
大西修也『国宝第一号広隆寺の弥勒菩薩はどこから来たのか？』（静山社、二〇一一年）
大橋一章『天寿国繡帳の研究』（吉川弘文館、一九九五年）

大橋一章『奈良美術成立史論』（中央公論美術出版、二〇〇九年）
大山誠一編『聖徳太子の真実』（平凡社、二〇〇三年）
大脇　潔「飛鳥・藤原京の寺院」（木下正史・佐藤信『古代の都1　飛鳥から藤原京へ』、吉川弘文館、二〇一〇年）
岡部毅史「梁簡文帝立太子前夜――南朝皇太子の歴史的位置に関する一考察」（『古代文化』第五十四巻第八号、二〇〇二年）
甲斐弓子『わが国古代寺院にみられる軍事的要素の研究』（雄山閣、二〇一〇年）
金治　勇『上宮王撰三経義疏の諸問題』（法蔵館、一九八五年）
鎌田東二「聖徳太子の原像とその信仰」（梅原猛・黒岩重吾・上田正昭他『聖徳太子の実像と幻像』、大和書房、二〇〇二年）
川勝　守『聖徳太子と東アジア世界』（吉川弘文館、二〇〇二年）
河上麻由子『古代アジア世界の対外交渉と仏教』（山川出版社、二〇一一年）
川本芳昭『東アジア古代における諸民族と国家』（汲古書院、二〇一五年）
北　康宏「聖徳太子」（鎌田元一編『日出づる国の誕生』、清文堂出版、二〇〇九年）
北　康宏「冠位十二階・小墾田宮・大兄制――大化前代の政権構造」（『日本史研究』五七七号、二〇一〇年九月）
坂本太郎『聖徳太子』（吉川弘文館、一九七九年）
新川登亀男『聖徳太子の歴史学』（講談社、二〇〇七年）
鈴木靖民「遣隋使と礼制・仏教――推古朝の王権イデオロギー」（『国立歴史民俗博物館研究報告』一五二集、二〇〇九年三月）

瀬間正之『記紀の文字表現と漢訳仏典』（おうふう、一九九四年）
瀬間正之「漢字で書かれたことば――訓読的思惟をめぐって（文字）」（『国語と国文学』第七十六巻五号、一九九九年五月）
武田佐知子『信仰の王権――太子像をよみとく』（中公新書、一九九三年）
田中嗣人『聖徳太子信仰の成立』（吉川弘文館、一九八三年）
橘堂晃一「トヨク出土『勝鬘義記』について――トルファン、敦煌そして飛鳥」（『仏教文化研究所紀要』第四十六集、二〇〇七年十二月）
趙　燦鵬「南朝梁元帝《職貢図》題記佚文的新発現」（『文史』二〇一一年第一輯、中華書局、北京、二〇一一年二月）
東野治之「太子ゆかりの名品二点　『聖徳太子画像』と『法華義疏』」（『朝日百科　皇室の名宝』朝日新聞社、一九九九年）
東野治之『日本古代金石文の研究』（岩波書店、二〇〇四年）
遠山美都男「『聖徳太子非実在説』とは何か」（『歴史読本』第五十二巻十四号、二〇〇七年十二月）
仁藤敦史「6、7世紀の宮と支配関係」（『考古学研究』第五十五号、二〇〇八年）
林　芳幸「高句麗系軒丸瓦採用寺院の造営氏族とその性格」（『滋賀県史学界誌』第十四号、二〇〇四年三月）
肥田路美『初唐仏教美術の研究』（中央公論美術出版、二〇一二年）
日野　昭『日本書紀と古代の仏教――日野昭論文集Ｉ』（和泉書店、二〇一五年）
平田政彦「称徳朝飽波宮の所在地に関する考察――斑鳩町上宮遺跡の発掘調査から」（『歴史研究』三十三号、一九九五年）

平塚　徹「イエスは馬小屋で生まれたか?.」（http://www.cc.kyoto-su.ac.jp/~hiratuka/essays/stable.html　この記事については、ブログ読者の指摘による）
福山敏男「法隆寺の金石文に関する二、三の問題――金堂薬師像・釈迦像・同寺小釈迦像の光背銘」（『夢殿』第十三冊、一九三五年六月）
藤井政彦「隋文帝の諸皇子と仏教」（『大谷大学大学院研究紀要』第二十三号、二〇〇六年十二月）
本間　満「古代の皇太子制度と厩戸皇子――聖徳太子研究をめぐって」（梅原猛・黒岩重吾・上田正昭他『聖徳太子の実像と幻像』、大和書房、二〇〇二年）
増山太郎編著『聖徳太子奉讃会史』（永青文庫、非売品、二〇一〇年十月）
松本真輔『聖徳太子伝承と合戦譚』（勉誠出版、二〇〇七年）
真流堅一「伊予国湯岡碑文と聖徳太子の仏教（I～III）――天寿国繡帳銘文の太子遺語の典拠について」（『熊本大学教育学部紀要　人文科学』二十八号・二十九号・三十号、一九七七年九月・一九八〇年九月・一九八一年九月）
森　博達『日本書紀成立の真実』（中央公論新社、二〇一一年）
森田　悌『推古朝と聖徳太子』（岩田書院、二〇〇五年）
黛弘道・武光誠編『聖徳太子事典』（新人物往来社、一九九一年）
三田覚之「天寿国繡帳の原形と主題について」（『美術史』一六四号、二〇〇八年三月）
八重樫直比古「『日本書紀』皇極二年十一月丙子朔条と『六度集経』」（『アリーナ（5）』「第二特集　天翔る皇子、聖徳太子」、二〇〇八年三月）
吉田一彦『古代仏教をよみなおす』（吉川弘文館、二〇〇六年）
吉田一彦『仏教伝来の研究』（吉川弘文館、二〇一二年）

あとがき

私は、「憲法十七条」や三経義疏の聖徳太子撰述を疑った津田左右吉《そうきち》の教え子である先生や孫弟子の先生たちから、中国思想・日本思想・仏教学その他を学びました。大学院時代は、先生方も院生たちも活気があり、この時期に早稲田大学の東洋哲学研究室で幅広く学ぶことができたのは、本当に幸せなことでした。

ただ、津田を心から尊敬して「津田先生、津田先生」と呼ぶ先生がたや諸先輩の中で、私が心に決めていたことがありました。それは、どの分野でも良いから一点だけでも津田説の批判をしようということです。その決心は、着物姿でにこやかに微笑んでいる晩年の津田の大きな写真が、枠に入れられて大学院の演習室に持ち込まれ、壁にかけられた時に、強固なものとなりました。

私自身は、南方熊楠《みなかたくまぐす》や幸田露伴のような博学な学者にあこがれていたうえ、明治維新について書きたいと子供の頃から願ってきたため、明治維新研究から出発して古い時代へ、さらには古代中国思想研究へとさかのぼっていった博学な津田についても、早くから惹かれていました。東洋哲学研究室で学ぶようになってからは、アジア諸国にわたる津田の幅広い学識と、文学・芸能を重視する研究方法の斬新さをより痛感するようになり、全集も買い込みました。そして、津田には遠く及ばないにせよ、そうした方向をめざしたいと思うようになったのです。

その津田は、若い頃の日記などを読むと、強烈な不平不満を抱えながら研究しており、通説を疑い、様々な権威に対して激しい反発を示していました。このため大学院当時の私は、津田を尊敬し、その学風を継ごうとするのであれば、通説を大胆に疑った津田の姿勢をこそ学ぶべきであって、何よりもまず津田説そのものを厳密に検証し直すべきではないかと考えるようになりました。

大学院では、東京大学の印度哲学科を定年になって早稲田の文学部に移って来られた仏教学の第一人者、平川彰先生の『維摩《ゆいま》経《きょう》義疏《ぎしょ》』の講義を幸いにも聞くことができました。その時に書いたレポートがきっかけとなり、指導教授でもあった平川先生から、聖徳太子奉讃会の研究生になるよう勧められました。二年間の研究助成期間終了時に二百枚程度の報告論文を書くのが義務だが、太子を礼賛する内容である必要はなく、太子に関わる学術的な論文であれば良いのだというお話でした。そこで、太子研究に取り組む良い機会と思い、研究生とならせていただいて助成金を受けることになりました。報告論文では、奈良時代における三経義疏の受容という問題を扱いました。津田説批判を含め、太子自身について書いてみたいと思ったものの、実力不足であったため、基礎的な文献研究を選んだのです。おかげで多くのことを学ぶことができ、太子研究にはまだ不明な点が多いことを知りました。

それ以来、アジア諸国の仏教と周辺の文化を研究するかたわら、現在までとぎれとぎれに聖徳太子研究を続けてきました。集中して取り組むようになったのは、聖徳太子虚構説批判に取り組むようになった二〇〇七年あたりからのことです。その際、痛感したのは、我々はいかに基本文献が読めていなかったか、ということでした。

むろん、優れた先学たちが地道な研究を重ねてくれたため、いろいろなことが明らかになって来ています。我々がこうして研究できるのは、そうした方々の苦労のおかげです。しかし、法隆寺金堂の釈迦三尊像銘にしても、天寿国繡帳銘にしても、伊予湯岡温湯碑についても、従来の研究では重要な典拠が見逃されていました。「憲法十七条」に至っては、有名な第一条の「無忤」の出典すら分からないまま議論していたのが実状です。

また、三経義疏の場合は、七世紀前半に書かれたにしては、基づいている教学が時代遅れであって論述が素人くさいうえ、倭習と呼ばれる変格漢文の語法が冒頭から続出するにもかかわらず、日本史学では後代作成説や藤枝晃先生の中国成立説が有力でした。三経義疏の研究はこれからです。

もう一つ痛感したのは、聖徳太子については研究が多すぎ、情報が共有されていないことでした。本書では、直接参考にさせていただいた先行研究はなるべく名をあげて紹介するように努めましたが、簡略で読みやすい本にすることに力を入れたため、重要でありながら紹介できずに終わったものの方がはるかに多く、また見落としも多数あるであろうと心苦しく思っています。

研究の細分化が進んだ今日では、すぐれた研究が発表されていても、分野が少し違うと注目されないうえ、一般の方々は最近の研究動向を知ることができず、大げさな物言いをする人たちに影響されがちです。そこで、私は、二〇一〇年五月二十四日に、「聖徳太子研究の最前線」と題するブログ（http://blog.goo.ne.jp/kosei-gooblog）を開設し、歴史学、仏教学、考古学、美術史その他、いろいろな分野の関連研究の紹介を始めました。

現在まで研究書や論文の紹介だけでも百本を超える記事を書いたほか、聖徳太子虚構説への詳しい批判、国粋主義的な聖徳太子礼賛派の著作に対する批判、津田左右吉を非難攻撃した超国家主義者たちに関する説明、その他様々な問題について数十本の記事を書いてきました。本書は、これらの記事に基づいた部分が少なくありませんが、新しい内容も多い一方、そちらで詳しく論じておりながら本書では取り上げることのできなかった記事もたくさんあります。

本書の立場は、冒頭にかかげた小倉豊文の言葉の通りです。不明な点が多い三経義疏については、数年のうちに変格漢文で書かれた文章と思想に関する学術的な本をまとめたいと考えています。

本書については、学位論文の増訂版である『華厳思想の研究』の出版の際もお世話になった編集部長の佐藤清靖さんの励ましと助言のおかげで、何とか書きあげることができました。
聖徳太子研究は膨大な蓄積があるものの、細分化した諸分野の研究成果を幅広く活用し、史料の出典・語法やアジア諸国の動向に注意しつつ新しい視点で見直してゆく作業は始まったばかりです。この本をきっかけとして論議が盛んになり、着実な研究が進むことを願うばかりです。

石井公成

二〇一五年十一月二十二日

著者略歴
石井公成（いしい　こうせい）
1950年生。東京都立川市生れ。早稲田大学第一文学部東洋哲学専修卒業。同大学院文学研究科後期課程単位取得退学。博士（文学）。駒澤大学仏教学部教授を経て、現在、名誉教授。
華厳宗・地論宗・禅宗などを中心としたアジア諸国の仏教教理、および、文学・芸能・近代ナショナリズム・酒・冗談（言葉遊び）などと諸国の仏教の関係、N-gramに基づくコンピュータ分析による語法解析や著者判定などについて研究。
著書に、『華厳思想の研究』（春秋社、1996年）、『東アジア仏教史』（岩波新書、2019年）、『〈ものまね〉の歴史――仏教・笑い・芸能』（吉川弘文館、2017年）などがある。

聖徳太子――実像と伝説の間
二〇一六年一月二十日　第一刷発行
二〇二五年三月二十日　第三刷発行
著　者　石井公成
発行者　小林公二
発行所　株式会社　春秋社
東京都千代田区外神田二―一八―六（〒一〇一―〇〇二一）
電話（〇三）三二五五―九六一一　振替〇〇一八〇―六―二四八六一
https://www.shunjusha.co.jp/
印刷所　株式会社太平印刷社
製本所　ナショナル製本協同組合
装　丁　河村誠
定価はカバー等に表示してあります。
 ISBN978-4-393-13587-7